V&R

Ramita G. Blume

Systemische Ethik

Orientierung in der globalen Selbstorganisation

Vandenhoeck & Ruprecht

Mit 14 Abbildungen und 5 Tabellen

Bibliografische Information der Deutschen Nationalbibliothek

Die Deutsche Nationalbibliothek verzeichnet diese Publikation in der Deutschen Nationalbibliografie; detaillierte bibliografische Daten sind im Internet über http://dnb.d-nb.de abrufbar.

ISBN 978-3-525-45136-6

Weitere Ausgaben und Online-Angebote sind erhältlich unter: www.v-r.de

Satz: SchwabScantechnik, Göttingen
Druck und Bindung: ⊕ Hubert & Co GmbH & Co. KG,
Robert-Bosch-Breite 6, D-37079 Göttingen

Gedruckt auf alterungsbeständigem Papier.

Inhalt

Vorwort 9

Welche Ethik brauchen wir? 12
Implizite Ethik 18
Einheit von Theorie und Praxis der systemischen Ethik 21
Die systemische Sicht 22

Die ethische Gretchenfrage 28

Entdecken des Erfindens und Erfinden des Entdeckens ... 31
Locus observandi 34
Die konstruktivistische Position 36
Errechnen der Welt 38
Beobachter beobachten, ein Kalkül 42
  Triff eine Unterscheidung! 43
  Re-entry 46
Realität und Wirklichkeit: eine Differenz, die Sinn macht ... 48

Ethik des Sowohl-als-auch 54
Einheit 54
  Inside the box 56
  Getrennt *und* verbunden 57
Einheit *und* Anderheit 59
Einheit/Anderheit *und* Einheit/Vielheit 62
Das differenzlose Wir 66
Knoten im Netz gemeinsamer Steigerung 69
Absicht des Gemeinsamen 71
Gemeinsame Absicht 73

Ethische Sicht und Einsicht 77
Sehen des Sehens 77
Re-entry der Gretchenfrage 83

Ethische Haltung 85
Haltung der Haltung: 2nd-Order-Haltung 86
Freiheit als Entscheidung 88
Willens- und Handlungsfreiheit 89
Die Foerster'sche Formel 90
Freiheit – Macht – Verantwortung 92
Individuelle Selbststeuerung 95
Selbstbestimmung = Selbstbestimmung/Fremdbestimmung 99

Ethische Kunst 103
2nd-Order-Kompetenz als neue Lebenskunst 103
2nd-Order-Reflexion 107
Nicht-Tun der Gewohnheiten 110
Feedback 115
Vertrauen als Entscheidung 116
Kooperation als Eigenfunktion 118

Ethische Differenz 122
Empowerment/Trivialisierung 124
Re-entry der Differenz 127

Systemische Beratung als Ort der Ethik 130
Das Ethische des Systemischen 132
Alte und neue Tänze 134
Systemische Kommunikationswerkzeuge 138
Was wäre, wenn ...? 140
Unterschiede, die Unterschiede machen 142

Zusammenfassung: Teilnahme als Haltung und Gestaltung 146

Implementierung der systemischen Ethik ... 150
Text, Kontext und Werkzeug ... 150
Teilnahme und Teilhabe ... 154
Erfinden der Zukunft ... 158

Chronologische Liste der Shortcuts ... 161

Chronologische Liste der Reflexionen ... 161

Literatur ... 162

Quellennachweise der Mottos ... 171

Vorwort

Wie *halten* Sie es mit Ihrer *Haltung?*

Haltung meint das spezifische Verhältnis, das man sich selbst, anderen und der Welt gegenüber einnimmt – mehr oder minder explizit, mehr oder minder reflektiert, mehr oder minder bewusst. Wie man es mit sich selbst, anderen und der Welt *hält,* bestimmt das *Verhalten.* Aus Haltung folgt Handlung.

Die Aufforderung, Haltung zu zeigen und zu bewahren, mag heute in unseren Ohren antiquiert klingen. Denn ihr Zeigen und Bewahren setzt doch zunächst den Besitz einer Haltung voraus. Europäer lernen gerade, dass andere Kulturen sehr wohl noch versuchen, ihre Haltungen zu bewahren, auch wenn die Vorstellungen und Überzeugungen, auf welchen sie beruhen, für aufgeklärte moderne Geister inakzeptabel erscheinen. Die Kollision divergierender Haltungen – wie beispielsweise islamischer und westlicher oder konservativ-religiöser und wissenschaftlicher – stellt zweifellos eine zentrale ethische Herausforderung in der Selbstorganisation der globalen Gesellschaft dar.

Europa mag sich zwar größtenteils von den Wertegespenstern der eigenen Vergangenheit befreit haben, aber es ist noch nicht gelungen, auf der Grundlage neuzeitlicher *Einsichten* eine belastbare und praktikable neue – moral- und ideologiefreie – ethische Haltung im Umgang mit eigenen und anderen Haltungen zu konstituieren – oder eine solche gar allgemein zu implementieren. Die historische Herausforderung, in jedem menschlichen Individuum eine solche *2nd-Order-Haltung* und eine entsprechende Kompetenz im Umgang mit der eigenen und mit anderen/fremden Haltungen zu entwickeln und zu kultivieren, ist unabweisbare Voraussetzung für die Lösung aller globalen Problemlagen. Für den Weg dahin will dieser Text einen Beitrag leisten.

Systemische Ethik ist die dem systemischen Denken implizite Ethik. In der Absicht, das implizit ethische Potenzial dieses Denkens auch erfahrbar zu machen, lade ich den Leser als Beobachter ein, ein logisches Rätsel zu lösen und einen Erkenntnisprozess mit- und nachzuvollziehen, der mit einer unbeantwortbaren Frage beginnt: der ethischen Gretchenfrage. Wer sich darauf einlässt, stößt bald an die Grenzen der klassischen Logik, denn die Frage stellt sich als paradoxes Problem dar. Um einer Antwort näher zu kommen, werde ich im Anschluss an die Tradition Heinz von Foersters vier Theoriestränge des systemischen Denkens verbinden: die Kybernetik zweiter Ordnung, den Konstruktivismus, die Systemtheorie Luhmann'scher Prägung und George Spencer-Browns Kalkül: die Laws of Form. Ich werde zeigen, wie diese Zugänge unweigerlich zu einer ethischen Sicht und Einsicht (in die Sicht) führen, die als *2nd-Order-Haltung* tragend werden. Handlung wird in der Dynamik dieser Haltung zur *ethischen Kunst,* die verstanden hat, dass der einzig mögliche Sinn des Lebens nur darin bestehen kann, diesem Leben einen Sinn zu geben.

Das zentrale Argument ihrer Entfaltung – so die These in diesem Buch – findet die systemische Ethik in der Erkenntnis, dass sich psychische (oder Bewusstseinssysteme) und soziale Systeme (oder Kommunikationssysteme) in ihrer Entwicklung nur gemeinsam steigern können. Durch die positive Kopplung der beiden Systemtypen löst sich der alte Antagonismus zwischen der individualethischen und der sozialethischen Perspektive auf. Der gegenwärtige Ort, an dem sich die systemische Ethik bereits praktisch bewährt, an dem ihre Qualität wirksam zum Ausdruck kommen und ihr Leistungsvermögen ermessen werden kann, ist die systemische Therapie und Beratung. Ihr ist daher bezüglich einer allgemeinen Umsetzung Pionierstatus zuzuschreiben und sie kann als Musterbeispiel für die Praxis dienen. Hinsichtlich einer gesellschaftlichen Implementierung der systemischen Ethik werde ich im letzten Abschnitt des Buchs Möglichkeiten und Grenzen beleuchten und skizzieren, was vor allem zum Weiterdenken anregen soll.

Theoretischer Protagonist der systemischen Ethik ist der Beobachter. Ethik ist immer die Ethik eines Beobachters. Der Begriff des Beobachters geht hier bei Weitem über sein Alltagsverständnis hinaus: Er stellt die Zentralfigur der Kybernetik zweiter Ordnung und des Konstruktivismus dar und wird als Terminus technicus gebraucht.

Der Beobachter übersteigt und transzendiert auf dieser Ebene natürlich auch die Genderebene. Wenn daher vom Individuum die Rede ist, ist damit ein beobachtender Mensch gemeint. In diesem Begriff sind sowohl männliche als auch weibliche Wesen wie auch alle Mischformen mit eingeschlossen. In diesem Sinne wird nachfolgend auf eine genderspezifische Differenzierung verzichtet und die männliche Formulierung gewählt – was nicht zuletzt der besseren Lesbarkeit dienlich sei.

Ergänzt werden meine Ausführungen durch *Shortcuts* der wesentlichen theoretischen Begriffe, Kernaussagen oder Grundkonzepte, auf welchen die Argumentation der systemischen Ethik aufbaut und auf die sie sich bezieht. Diese Shortcuts stellen Kondensate komplexer Ideen dar und erfüllen die Funktion einer Einführung in die Begriffswelt der systemischen Ethik.

Um nicht nur einen Einblick in die Begriffs-, sondern auch in die Erfahrungswelt der systemischen Ethik zu vermitteln, werden entsprechend gekennzeichnete *Reflexionen,* Übungen, Experimente und Kontemplationen angeboten.

Die Lektüre möchte – gegen den Alarmismus gegenwärtiger Krisendiskurse – an die Möglichkeit einer positiven Zukunft erinnern und an den Leser appellieren, sich am »Spiel mit der Welt« bewusst zu beteiligen.

Welche Ethik brauchen wir?

Von allen Posen ist die moralische die unanständigste.
Oscar Wilde

Obwohl ethisches Verhalten in der Umgangssprache oft synonym mit moralischem oder sittlichem Verhalten verwendet wird, ist Ethik nicht Moral. In klassischem Sinn versteht sich Ethik als die Reflexionstheorie der Moral, die nach Kriterien sucht, die eine Handlung als moralisch (oder nicht) auszeichnen und bewerten (vgl. Shortcut 1, S. 15). Ihre Aufgabe ist es, normative moralische Forderungen kritisch zu hinterfragen, zu begründen und zu legitimieren oder aber zu disqualifizieren. Moral hingegen definiert ein bestimmtes Sollen auf Grundlage konventionell vereinbarter und traditionell überlieferter Gebote und Werturteile, die zu einem bestimmten Handeln auffordern. Ihr Sinn besteht in der Organisation und Verhaltenskoordination in menschlichen Gemeinschaften. Als Ordnungs- und Regelsystem funktioniert Moral durch wechselseitige Anerkennungsprozesse. Nach Luhmann (Luhmann, 1984, S. 319 u. 1998a, S. 397) unterscheidet Moral daher mit der Differenz Achtung/Missachtung. Achtung und Missachtung stellen in sozialen Systemen Regulative der Inklusion beziehungsweise der Exklusion der einzelnen Individuen dar. Verstöße gegen moralische Normen werden durch Verachtung und Ausgrenzung aus der Gemeinschaft sanktioniert.

Moralen variieren aufgrund ihrer Entwicklung in verschiedenen historischen und regionalen Kontexten von Gruppe zu Gruppe, von Kultur zu Kultur, von Gesellschaft zu Gesellschaft. Was anerkannt und was nicht anerkannt wird, ist abhängig von jeweils etablierten (kulturellen, politischen, wirtschaftlichen, wissenschaftlichen etc.) Standards, die sich im Lauf der Geschichte verändern. Moralische Regeln gelten nicht für immer und ewig, sondern nur so lange, wie sie auch anerkannt und befolgt – also bestätigt – werden.

Während in den noch relativ geschlossenen Gesellschaften der vortechnischen Welt der jeweiligen Moral eine integrative Funktion zugeschrieben werden konnte, verliert sie diese Möglichkeit für eine Weltgesellschaft, in der sich unterschiedliche, einander widersprechende und miteinander in Konflikt geratende Moralen (zum Beispiel westliches und islamisches Frauenbild) direkt begegnen. So bietet die Moral keinerlei Lösungen für Konflikte. Im Gegenteil: Durch die implizite Sanktionsdrohung der Exklusion durch Nichtachtung fordert sie vielmehr Konflikte erst heraus, weshalb Luhmann auch vor der Gefährlichkeit der Moral warnt (Luhmann, 2008, 261 ff., 1990). »Empirisch gesehen ist moralische Kommunikation nahe am Streit und damit in der Nähe der Gewalt angesiedelt« (Luhmann, 2008, S. 166).

Moral – besonders religiös konnotierte Moral – war immer schon der Nährboden für gesellschaftliche und kulturelle Kontroversen, Fanatismen und Intoleranz, für Kriege bis hin zu den gegenwärtigen politischen Terrorszenarien. Da sich dieser negative Beigeschmack der Moral durch die gesamte Geschichte der Menschheit zieht, meint Luhmann (1993), dass eine gesellschaftliche Integration durch Moral immer schon eine Utopie war und im Rahmen einer globalen Gesellschaft endgültig dysfunktional wird.

Diese Überlegungen legen den Schluss nahe, dass im Kontext unserer modernen Weltgesellschaft nur derjenige »moralisch« handelt, der sich der Moral gegenüber abstinent verhält. Mit Luhmann die Integrations- und Ordnungsfunktion der Moral dekonstruierend, kann man sich konsequenterweise nur noch jeglicher moralischer Aussagen enthalten. Damit verliert die Ethik aber auch ihre Begründungsfunktion, deren Sinn es war, eine gesellschaftliche Moral und deren normative Forderungen zu legitimieren.

> »Jede Begründung findet sich, durch ihren puren Vollzug, dem Vergleich mit anderen Möglichkeiten und damit dem Selbstzweifel ausgesetzt. Sie sabotiert sich laufend selbst, indem sie den Zugang zu anderen Möglichkeiten eröffnet, wo sie ihn verschließen möchte. Wenn wir dies beobachten, führt uns das zu der Konsequenz, Begründung sei ein paradoxes Unternehmen, das sich, wie immer, mit irgendeiner Art von Unehrlichkeit auf den Weg bringen muss. Aus der Perspektive einer solchen Beobachtung liegt es nahe, der Ethik vorzuschlagen, auf eine Begründung der Moral zu verzichten« (Luhmann, 1993, S. 360).

Was aber ist nach diesem »Funktionsverlust« dann noch der Sinn der Ethik? Jeder Verlust birgt immer auch die Möglichkeit für eine neue Positionierung, die einen neuen Sinn macht. Im Kontext der globalen Weltgesellschaft besteht der Sinn der Ethik – einfach ausgedrückt – darin, das, was getrennt ist (durch unterschiedliche Moralen, die miteinander konfligieren), auf einer neuen Ebene zu verbinden und das sich bisher gegenseitig Ausschließende in ein globales Ganzes einzuschließen (vgl. das Kapitel »Das differenzlose Wir«, S. 66). Der Blick auf die Herausforderungen der Globalität und die damit korrespondierenden Problemlagen (wie beispielsweise die Flüchtlingsthematik) zeigt unbestreitbar einen deutlich steigenden »Bedarf« an einer solchen Ethik: »Diese komplexe Gesellschaft braucht mehr Ethik, als sie zu produzieren in der Lage ist«, so Thomas Bauer (Bauer, T., 2008, S. 33). Heute stellt sich der Anspruch an die Ethik, eine globale, kulturunabhängige beziehungsweise transkulturelle Perspektive zu entwickeln, zugänglich zu machen und gesellschaftlich zu implementieren, anstatt eine bestimmte Moral zu begründen und zu legitimieren. Die Ethik soll eine Perspektive bieten, von der aus es möglich ist, völlig moral- und ideologiefrei zu argumentieren und zu operieren.

> »In jedem meiner Gespräche über, sagen wir, die Wissenschaft, Philosophie, Epistemologie, Therapie usw., bin ich bemüht, meinen Sprachgebrauch so im Griff zu haben, dass Ethik impliziert ist. Was will ich damit sagen? Ich möchte Sprache und Handeln auf einem unterirdischen Fluss der Ethik schwimmen lassen und darauf achten, dass keines der beiden untergeht, so dass Ethik nicht explizit zu Wort kommt und Sprache nicht zur Moralpredigt degeneriert« (von Foerster, 1993a, S. 68 f.).

Reflexionsgegenstand dieser Ethik ist daher auch nicht irgendeine Moral, sondern Sinn. Sinn wird im Folgenden als Zentralreferenz der Selbstbestimmung und Selbstorganisation von Individuum und Gesellschaft und als *Medium der Wirklichkeit* beschrieben (vgl. das Kapitel »Realität und Wirklichkeit: eine Differenz, die Sinn macht«, S. 48). Der Sinn, der aus der Dekonstruktion der Moral »frei« wird, bedarf einer neuen Bestimmung. Die Funktion der Ethik besteht jedoch nicht in der Bestimmung dieses Sinns, sondern darin, die

Kompetenz zur Bestimmung von Sinn anzuleiten und die Freiheit und Verantwortung darin zu erkennen.

Shortcut 1: Ethik

Als philosophische Disziplin wurde Ethik von Aristoteles eingeführt, der – wie bereits Sokrates – Ethik zum zentralen Thema philosophischer Betrachtungen machte. Ethik, auch als Moralphilosophie bezeichnet, leitet sich vom griechischen Begriff *ēthikē epistēmē,* »das sittliche Verständnis«, ab (von *ēthos,* »Charakter, Sinnesart«). Der Begriff bezieht sich sowohl auf das Sittliche selbst als auch auf die Wissenschaft vom Sittlichen.

Bei *Aristoteles* ist die Ethik psychologisch begründet und praktisch ausgelegt: Sie besteht in der Tätigkeit *(en tô ergô),* im tugendhaften Leben *(kat' aretên teleian),* das in seiner Vollkommenheit Glückseligkeit bedeutet. Tugenden *(aretḗ)* beschreiben »jene feste Grundhaltung, von der aus [der Handelnde] tüchtig wird und die ihm eigentümliche Leistung in vollkommener Weise zustande bringt« (Aristoteles, ca. 4. Jh. v. Chr./1983, S. 6). Die Tugenden sind im Menschen zwar angelegt, bedürfen aber der Erziehung, der Belehrung und der Gewöhnung, um zur Entfaltung ihres Telos (Ziels) zu kommen.

Bei den *Stoikern* stehen die Selbstliebe und Selbstsorge im Zentrum. Das Verhältnis zu sich selbst und zur Mitwelt orientiert sich an jenem Ganzen – dem Kosmos als Welt-Ordnung –, das den Weltkreis als Einheit von Erde, Himmel und Mensch umschließt. Ziel der Ethik ist Leben im Einklang mit der Natur, das zur Eudaimonie, dem glücklichen Leben, führt. Die Vernunft ist die zentrale Instanz, die der Steuerung und Ordnung divergierender Antriebsmomente dient. Mit Denkvermögen ausgestattet, besitzt der Mensch alle Voraussetzungen, um am göttlichen Logos, jener universellen Kraft, die den Lauf der Welt bestimmt, regelt und ordnet, teilzuhaben. Voraussetzung dafür ist Selbsterkenntnis, das delphische *Erkenne dich selbst,* als ein Selbstvervollkommnungsprozess *(oikeiosis).*

Die *Deontologische Ethik* oder *Deontologie* (griech. *deon,* »das Erforderliche, das Gesollte, die Pflicht«, daher auch Pflichtethik genannt), deren wichtigster Vertreter *Kant* ist, stellt die Motivation des Handelns ins Zentrum. Das entscheidende ethische Moment sind nicht die Handlungsresultate, sondern die Selbstverpflichtung, sein Handeln an einer allgemein verbindlichen Maxime (Wertmaßstab, Regel, Prinzip) auszurichten und zu beurteilen.

Im 19. Jahrhundert wird die Idee der Pflichterfüllung von der Idee der Nützlichkeit abgelöst (Jeremy Bentham, John Stuart Mill). Im *Utilitarismus* (lat. *utilitas,* »Nutzen, Vorteil«) als einer wertenden (normativen) Form der teleologischen Ethik geht es um den Zweck, der sowohl dem Einzelnen als auch der Allgemeinheit dient – der größtmögliche Nutzen für die größtmögliche Zahl. Das Sittliche wird hier mit dem Nützlichen gleichgesetzt. Die Richtigkeit einer Handlung ermisst sich aus ihren Folgen, die für das Wohlergehen aller von der Handlung Betroffenen optimal sein sollen.

Im 20. Jahrhundert etablieren sich Theorien, die sich gegen den Utilitarismus stellen. In der *Wertethik,* die darauf abzielt, zu einer »von aller positiven psychologischen und geschichtlichen Erfahrung unabhängigen Lehre von den sittlichen Werten« (Scheler, 2014, S. 26) zu gelangen, wird das Gute als Wert phänomenologisch erkannt und bestimmt (bei *Max Scheler* das Angenehme/Unangenehme, das Edle/Gemeine, das Schöne/Hässliche, das Rechte/Unrechte, das Heilige/Unheilige). Im Zentrum von *John Rawls* Ethik stehen Gerechtigkeit – vor allem soziale Gerechtigkeit –, bürgerliche Freiheiten und demokratische Gleichheit. Werte dienen als Maßstab zur Beurteilung moralischer Aussagen, sie bieten Orientierung, leiten ideale Denk- und Verhaltensweisen an und ermöglichen sozialen Zusammenhalt und soziale Kontrolle. Aus menschlichen Grundwerten wie Freiheit, Gerechtigkeit, Solidarität leiten sich die *Grundrechte* (wie beispielsweise das Recht auf Leben, Gleichheit, Mitbestimmung oder Teilhabe) ab, die als universell, unveräußerlich und unteilbar gelten und die *dem* Menschen – und damit *allen* Menschen – aufgrund des Menschseins und der Menschenwürde zugesprochen werden müssen. Die Grundrechte sind in den *Menschenrechten* verankert.

Die *Diskursethik,* die vor allem von *Jürgen Habermas* und *Karl-Otto Apel* Anfang der 1970er Jahre entwickelt wurde, erweitert Kants Ansatz durch Erkenntnisse der Sprachphilosophie und stellt die Kommunikation, den Austausch von vernünftigen Argumenten, ins Zentrum der Ethik. Die eigenen Handlungsmaximen müssen sich im Diskurs begründen und rechtfertigen lassen. Im Mittelpunkt steht die Idee der Transformation der realen Kommunikationsgemeinschaft in eine ideale. Apel definiert die Diskursethik als eine »Ethik der solidarischen Verantwortung derer, die argumentieren können, für alle diskursfähigen Probleme der Lebenswelt« (1988, S. 116).

Im 20. Jahrhundert entwickeln sich außerdem *angewandte Ethiken (Bereichsethiken)* für bereichsspezifische Fragestellungen innerhalb der Subsysteme der Gesellschaft – beispielsweise eine politische Ethik, eine Rechtsethik, Wirtschaftsethik, Wissenschaftsethik, Technikethik, Medizinethik, Medienethik etc.

Methoden der Ethik:
Je nachdem, auf welche Weise sich die Ethik auf ihren Reflexionsgegenstand (Moral) bezieht, unterscheidet man

- *normative Ethik:* eine wertende Form, die Prinzipien und Kriterien der Moral und Maßstäbe moralisch richtigen Handelns untersucht;
- *deskriptive Ethik:* eine beschreibende Form, die befolgte Handlungspräferenzen aufgrund empirischer Normen- und Wertesysteme untersucht und die Wertvorstellungen und Normen in einer bestimmten Gemeinschaft beschreibt;
- *Metaethik:* eine analysierende Form, die Methoden moralischer Argumentationen, Sprache und Logik moralischer Diskurse und die Leistungskraft ethischer Theorien untersucht;
- *angewandte Ethik* (funktionalistische Ethik, Bereichsethik): eine wertende Form, die gültige Normen und Werte untersucht und Handlungsempfehlungen des jeweiligen Bereichs (je nach Ansatz apriorisch oder empirisch) gibt.

Fokus der Ethik:
Ethik fokussiert klassisch entweder auf die Perspektive individueller persönlicher Lebensführung *(Individualethik)* oder auf das Soziale, die Gemeinschaft *(Sozialethik).* Während sich die Individualethik mit der Frage: »Wie soll ich handeln?« beschäftigt, geht es der Sozialethik um die positive Bewältigung und Organisation des gemeinschaftlichen Zusammenlebens, indem sie vom Einzelnen ein bestimmtes Sollen einfordert.

Implizite Ethik

Mein Versuch ist es, zu zeigen,
dass Ethik implizit strömen kann, ohne explizit zu werden.
Heinz von Foerster

Je nach Schule fokussiert die Ethik traditionell entweder auf das Motiv oder das Ergebnis des Handelns. Aber egal, ob auf das Motiv oder das Resultat Bezug genommen wird – die Begründung beider geschieht im Rahmen des Denkmodells, das der Beurteilende seinem Handeln motivierend zugrunde legt und innerhalb dessen er auch seine Handlungsresultate bewertet. Jeder Haltung, die handlungsleitend wirkt, ist daher – ob man das möchte oder nicht – eine Ethik (die durchaus auch »unethisch« sein kann) implizit. So zeigt Schopenhauer in seiner Schrift *Über das Fundament der Moral* (1840/2014), dass moralisches (oder nichtmoralisches) Handeln immer aus einer bestimmten Haltung sich selbst und der Welt gegenüber entsteht und davon geleitet wird. Aus Haltung folgt Handlung. Jede Haltung wirkt mit ihrer impliziten Ethik handlungsleitend.

Wie sich diese implizite Ethik im Alltag zeigt, macht Brodbeck anhand eines Beispiels deutlich:

> »Ich möchte die Faktizität der impliziten Ethik an einem einfachen Beispiel demonstrieren: Wir hören und lesen von einer erneuten Hungerkatastrophe in Asien oder in Afrika. Von den Bildern bewegt, folgen wir vielleicht der Einladung zu einem feierlichen Abendessen für eine Wohltätigkeitsveranstaltung – gekrönt durch die schöne Geste des Einsammelns von Spenden und gesponsert von namhaften Firmen. Während dieses Abendessens werden Fleisch, Fisch und exotische Früchte serviert. Niemand denkt beim Kauf und Verzehr dieser Produkte daran, daß die Fisch- oder Krabbenzucht in Asien ganze Küstenregionen verwüstet, daß die exotischen Früchte in anderen Ländern zu Monokulturen führen, die eine fortgesetzte Bodenerosion fördern, daß der ›Rohstoff‹ für Steaks, die weltweit 1,3 Milliarden Rinder (mit einem Lebendgewicht von mehr als dem Zehnfachen aller lebenden Menschen), zum großen Teil auf Grasflächen weidend, die durch

abgebrannte Wälder (mit gewaltigen Mengen Kohlendioxid bei der Brandrodung) gewonnen wurden, Rinder, aus deren Mägen Methangas in der zwanzigfachen Menge des Kohlendioxids in die Atmosphäre entweicht und das Weltklima aus dem Gleichgewicht bringt. Niemand denkt beim Kauf in der Frischfleischabteilung des Supermarkts an das faktische ›Ja!‹ zu dieser globalen Konsequenz – und gerade darin erweist sich das alltägliche Handeln durch eine implizite Ethik geleitet« (Brodbeck, 1999, S. 3).

Im Sinne einer »Qualitätssicherung« der impliziten Ethik formuliert Kant daher auch eine Maxime, die die Haltung auszeichnet und bestimmt und damit sicherstellen soll, dass die aus der Haltung hervorgehenden Handlungen auch ethischen Kriterien genügen. Mit seiner Regel, dem kategorischen Imperativ, expliziert er zugleich auch das implizit Ethische der Haltung.

Die Ethik des systemischen Denkens hingegen bleibt implizit und kommt in der konsequenten Anwendung und Entwicklung jener Kompetenz, die im Folgenden als 2nd-Order-Kompetenz bezeichnet wird (vgl. das Kapitel »2nd-Order-Kompetenz als neue Lebenskunst«, S. 103), zum Ausdruck. Sie ist die notwendige Voraussetzung für eine bewusste Sinnbestimmung.

Das systemische Denken impliziert eine operative Ethik der gemeinsamen Sinnkonstruktion. Es stellt von Fragen nach dem *Was* (Moral) und dessen *Warum* (Ethik als Begründungstheorie) auf solche nach dem *Wie* (Ethik als Konstruktionstheorie) eines *Was* um: Aufgabe der systemischen Ethik ist es nicht, zu zeigen, *was* getan werden soll, sondern *wie* – durch welche *Operationen* (lat. *operatio,* »die Verrichtung«, steht allgemein für jede Aktion) – zu einem aktuellen, situativen und »viablen« (Glasersfeld), also passenden *Was* gefunden werden kann. Die jeweilige Situation in ihrer Aktualität, Einzigartigkeit und Unwiederholbarkeit stellt den Rahmen dar. Ein passendes *Was* kann nur – und das ist ein zentrales Argument der systemischen Ethik – in der Verbindung oder Kopplung von Bewusstsein und Kommunikation ge- oder erfunden werden.

Versuche in dieser Richtung findet man auch in der Diskursethik, in der Diskurse als Mittel zur Begründung einer allgemeinen Ethik dienen, aber auch dazu, konkrete ethische Fragen zu beantworten und Probleme zu lösen. Eine Handlung gilt dann als (moralisch) richtig, wenn ihr alle am argumentativen Diskurs Beteiligten zustimmen. Kurz: Wenn Konsens hergestellt ist.

Die Kritik an Habermas' Konsenstheorie (1973) trifft vor allem seine Äquivalenzsetzung von Konsens mit Richtigkeit und Wahrheit. Apel, der wie Kant nicht auf eine Norm, sondern auf eine Maxime abstellt, fordert (im Gegensatz zu Kant) den Blick auf mögliche Handlungsresultate und den Konsens im Diskurs. Dabei sucht er (im Unterschied zu Habermas) nach einer Letztbegründung jener ethischen Prinzipien, die er in jeder sinnvollen Handlung und Argumentation bereits implizit vorausgesetzt sieht:

> »Handle nur aufgrund einer Maxime, von der du, aufgrund realer Verständigung mit den Betroffenen bzw. ihren Anwälten oder – ersatzweise – aufgrund eines entsprechenden Gedankenexperiments, unterstellen kannst, daß die Folgen und Nebenwirkungen, die sich aus ihrer allgemeinen Befolgung für die Befriedigung der Interessen eines jeden einzelnen Betroffenen voraussichtlich ergeben, in einem realen Diskurs von allen Betroffenen zwanglos akzeptiert werden können« (Apel, 1988, S. 123).

Im Unterschied zu Apels Diskursethik geht es der systemischen Ethik nicht um die Letztbegründung (impliziter) ethischer Prinzipien im Diskurs, sondern um eine Theorie der Haltung als Voraussetzung für das Gelingen von Diskursen. In dieser Haltung liegt der Schlüssel, wie Konsens darüber hergestellt werden kann, dass es um Konsens geht. Aufgabe der systemischen Ethik ist daher das Initiieren einer bestimmten Form der Kommunikation über die Kommunikation und des Nachdenkens über das Denken als Bedingung der Möglichkeit, *dass* ethisch vertretbare Lösungen für konkrete Fragen und Anliegen gemeinsam von allen Beteiligten diskursiv ge- oder erfunden werden können. Die Kritik an der Moral darf daher nicht als Plädoyer für eine Antimoral gelesen werden. *Wie* statt *was* bedeutet, dass das jeweils konkrete *Was* als situative »Moral«, treffender jedoch als »Spielregel«, »Vereinbarung« oder »Abmachung« zu betrachten ist, die keinerlei Anspruch hegt, allgemeine Gültigkeit zu erlangen.

Systemische Ethik ist eben keine »Supermoral«, sondern sie reflektiert das Verhältnis von Theorie und Praxis als das Verhältnis von Haltung und Handlung. In diesem Sinne wird im systemischen Ansatz aus dem alten Verhältnis von Ethik und Moral die Relation von Haltung (Theorie) und Handlung (Praxis).

Einheit von Theorie und Praxis der systemischen Ethik

Es gibt nichts Praktischeres als eine gute Theorie.
Immanuel Kant

Jede Theorie (griech. *theorein,* »beobachten, betrachten, [an]-schauen«; *theoría,* »Anschauung, Überlegung, Einsicht, wissenschaftliche Betrachtung«) meint ursprünglich eine Betrachtung der Welt durch reines Denken, was natürlich allein dem Menschen vorbehalten ist. Eine Theorie stellt ein System kohärenter Beschreibungen der Realität und Wirklichkeit zur Verfügung, die einer bestimmten Grammatik folgen. Sie nutzt Abstraktionen als Methode, das Denken zu ordnen und logisch zu strukturieren. Praxis (griech. *prâxis,* »Handlung, Verrichtung«, auch »Vollendung«) steht für die Anwendung von Erkenntnis, Ideen oder Gedanken und bedeutet Ausübung, Tätigsein, Erfahrung. Wenn eine Theorie des Menschen den Menschen selbst zum Inhalt macht, verschwimmen jedoch die Grenzen zwischen Theorie und Praxis. Haltung und Handlung kommen nur gemeinsam vor.

Eine gute Theorie ist für die Praxis von außerordentlichem Nutzen, denn sie hilft, die Komplexität der Welt und Wirklichkeit zu reduzieren und zu bewältigen und eröffnet damit die Möglichkeit für wirkungsvolles Handeln in der Welt. Die mancherorts zu beobachtende Theoriefeindlichkeit von Praktikern ist also keinesfalls angebracht und empfehlenswert. Ohne Theorie gibt es keine Möglichkeit, das eigene Denken und Handeln einordnen und bestimmen sowie entsprechende Kompetenzen entwickeln zu können. Eine gute Theorie zeichnet sich auch dadurch aus, dass sie abstrakt genug ist, um sich für unterschiedliche Praxisfelder spezifizieren und anwenden zu lassen. Dies gilt auch für eine Theorie der systemischen Ethik.

Epistemologisch wird diese Theorie unter Verwendung konstruktivistischer und systemtheoretischer Konzepte und Denkwerkzeuge gewonnen. Denn systemisch-konstruktivistische Denkansätze bieten nicht nur eine exzellente Theorie, mit der sich komplexe Zusammenhänge adäquat beschreiben lassen, sondern offenbaren bei näherer Betrachtung auch ein implizites ethisches Potenzial, das sich in der Praxis moderner (komplexer) Problemlagen bewährt – dies soll am Beispiel der systemischen Beratung gezeigt werden (vgl. das Kapitel »Systemische Beratung als Ort der Ethik«, S. 130).

Durch die operative Verbindung von Theorie und Praxis verliert die von Aristoteles eingeführte Abgrenzung der theoretischen von der praktischen Philosophie ihre Konturen. Während das Ziel der theoretischen Philosophie Erkenntnis und das Verstehen der Welt ist, geht es der praktischen Philosophie um die Frage, wie wir in der Welt handeln sollen. Dass diese Unterscheidung zwischen theoretischer und praktischer Philosophie gerade innerhalb eines interdisziplinären operativen Ansatzes, wie ihn der systemische zweifellos darstellt, obsolet werden muss, liegt auf der Hand.

Ohne Haltung ist jedes Handeln blind. Und ohne Handeln ist die Haltung leer. Die systemische Haltung schenkt der Praxis Augen, die *das Sehen sehen können* (vgl. das Kapitel »Sehen des Sehens«, S. 77) – womit die Praxis zu einer Frage bewusster Gestaltung wird. Und die Praxis ermöglicht der Theorie einen konkreten Ausdruck, gibt ihr eine Form. Die Ethik selbst ist sowohl in der Theorie (Erkenntnis, Haltung) als auch in der Praxis (Ästhetik, Gestaltung) implizit.

Die systemische Sicht

Das systemische Paradigma hat sich aus dem interdisziplinären Diskurs verschiedener wissenschaftlicher Disziplinen entwickelt. Namhafte Wissenschaftler um Heinz von Foerster haben in den 1960er Jahren im Biological Computer Laboratory (BCL) auf unterschiedlichen Gebieten an seiner Entstehung mitgewirkt, Pionierarbeit geleistet und bahnbrechende Erkenntnisse gewonnen. Forschungsergebnisse aus Bereichen wie der Mathematik (von Benoit B. Mandelbrot oder Manfred Eigen), der Physik und Chemie (Hermann Haken oder Ilya Prigogine), der Biologie (Humberto Maturana, Francisco Varela), der Logik (Gotthard Günther, George Spencer-Brown), der

Sprachwissenschaften, der Kommunikationstheorie, der Lerntheorie, der Philosophie (Ernst von Glasersfeld, Gregory Bateson, Paul Watzlawick) u. a. flossen in dieses neue Denken ein.

Wenn es um die wesentlichen Bausteine des systemischen Denkens geht, ist natürlich vor allem Niklas Luhmann zu nennen. Kein systemisches Denken kommt heute ohne seine Systemtheorie aus, die nicht umsonst den Anspruch einer Universaltheorie stellt. Sie bildet ein umfassendes und kohärentes Theoriedesign, das Luhmann auf alle Formen des Sozialen bezieht (von der Paarbeziehung und der Familie über die Organisation bis zu den Funktionssystemen und der Gesellschaft). Luhmann hat den Prozess der Kommunikationen dieser Erde als operationale Grundlage eines zur Eigenständigkeit emergierenden (lat. *emergere,* »auftauchen, herauskommen, emporsteigen«) Sozialsystems erklärt: der globalen Gesellschaft als ein »umfassendes soziales System, das alle anderen sozialen Systeme in sich einschließt« (1998a, S. 78). Seine Systemtheorie integriert sowohl die Kybernetik zweiter Ordnung als auch die konstruktivistische Perspektive.

Die konstruktivistische Sicht der Welt mit ihren kreiskausalen Denkfiguren hat dem systemischen Denken in den letzten Jahrzehnten einen wesentlichen Entwicklungsschub vermittelt. Dadurch ist es heute möglich, die Komplexität psychischer und sozialer Systeme (zum Systembegriff vgl. Shortcut 2, S. 26) in ihrer Koevolution (Evolution unter wechselseitiger Beeinflussung) so darzustellen, dass die Möglichkeiten, Mechanismen und prinzipiellen Grenzen bewusster Einflussnahme – sei es in sozialer, pädagogischer, beraterischer, wissenschaftlicher, kultureller oder auch politischer und anderer Intention – klar erkennbar werden. Dies ergibt einen neuen Erkenntnisrahmen für kommunikatives Handeln, der auch in der prinzipiellen Unberechenbarkeit aller Reaktionen des Menschen und seiner Systeme eine Handlungssicherheit initiiert, die aus der Kenntnis eben jener Gegebenheiten fließt, die diese Unberechenbarkeiten erst ermöglichen.

Heinz von Foerster, der philosophische Mentor des systemischen Denkens, den man nicht zu Unrecht den »Sokrates der Kybernetik« (Pörksen, 2011, S. 319) oder den »Cybersokrates« (Sloterdijk, 2004, S. 736) nannte, ist nicht nur einer der tiefschürfendsten Denker der

Kybernetik und des Konstruktivismus, sondern zugleich auch deren Gewissen: Er stellt eine Ethik vor, in der aus der Erkenntnis, dass wir uns und unsere Wirklichkeit tatsächlich gemeinsam erfinden, auch die Verantwortung für den Zustand unserer Welt fließt. Evolution wird nicht von Konkurrenz, sondern von Kooperation in Richtung zunehmender Komplexität getragen: Statt in psychologischen und sozialen Fragen die eine Wahrheit gegen eine andere Konkurrenzwahrheit zu verteidigen, geht es um die Integration verschiedener Wahrheiten zu einem Ganzen, mit Gewinn an Komplexität und Tiefenschärfe für beide Seiten. Sich gemeinsam eine Wirklichkeit zu erfinden, könnte vielleicht ein Paradies begründen, gegeneinander Wirklichkeiten zu behaupten, schafft immer eine Hölle.

■ Reflexion 1: Der Unterschied zwischen Himmel und Hölle, eine Metapher

Die Hölle ist ein großer Raum, in dessen Mitte ein Topf mit einem köstlichen Gericht steht. Ringsherum stehen Menschen, die mit langen Löffeln, die an ihren Unterarmen festgebunden sind, aus dem Topf schöpfen. Doch sie können die herrliche Speise nicht genießen, denn ihre Löffel sind viel zu lang, um damit ihren eigenen Mund zu erreichen.

Im Himmel dasselbe Szenario: Wieder ein Topf mit einem köstlichen Gericht in der Mitte, ringsherum Menschen mit viel zu langen Löffeln. Ganz im Gegensatz zur Hölle sehen die Menschen jedoch zufrieden, gesund und glücklich aus. Der Unterschied ist, dass die Menschen sich hier gegenseitig füttern.

Heinz von Foerster hat in seinen zahlreichen Arbeiten immer wieder auf den Zusammenhang von Ethik und Kybernetik (vor allem Kybernetik zweiter Ordnung) aufmerksam gemacht. »Cybernetics is a way of thinking, not a collection of facts«, so die Definition der American Society for Cybernetics (von Glasersfeld, 1992, S. 1). Indem der Beobachter in die Theorie integriert wird, avanciert die Wissenschaft beobachteter Systeme – die Kybernetik als Wissenschaft von der Regelung und der Signalübertragung in Lebewesen und Maschinen (vgl. von Forerster, 1999, S. 18) – zu einer Wissenschaft beobachtender Systeme – zur Kybernetik zweiter Ordnung. Da der Kybernetik zweiter Ordnung eine Ethik implizit ist, bezeichnet Heinz von Foerster sie auch als Kybern*Ethik* (1993a).

Um die formale Grundstruktur der systemischen Ethik darzustellen, eignet sich nichts besser als George Spencer-Browns *Laws of Form,* die sowohl in Luhmanns Systemtheorie als auch in Heinz von Foersters Überlegungen Eingang gefunden haben. Heinz von Foerster (1993c, S. 11) nannte den Calculus of Indication (CI) den *Kalkül der Liebe:* »Wenn man dieser Strategie bis an ihre Grenzen folgt, werden wir in der Lage sein, [ganz bewusst, R. B.] nichts über alles zu sagen. Das ist natürlich der Zustand letzter Weisheit und liefert den Kern eines Kalküls der Liebe, in dem Unterscheidungen aufgehoben werden und alles eins ist. Spencer-Brown hat einen wichtigen Schritt in diese Richtung unternommen, und sein Buch sollte in den Händen aller jungen Leute sein – ein Mindestalter ist nicht erforderlich.« Sozialphilosophisch stellt Spencer-Browns Kalkül, das ein Kalkül der Form jeglichen Operierens ist, auch die geeignete logische und operationale Basis für die systemische Ethik dar.

Durch die Verbindung der sich wechselseitig bestimmenden und zugleich bereichernden vier Zugänge – Luhmanns Systemtheorie, Konstruktivismus, Kybernetik zweiter Ordnung und Laws of Form – wird im Folgenden eine Haltung entwickelt und vorgestellt, deren implizite Ethik nicht nur auf die Funktionsfähigkeit und Überlebenskraft, sondern auch auf die Evolution und Entwicklungsmöglichkeiten von Individuum *und* Gesellschaft fokussiert.

Shortcut 2: Systeme

Ein System ist ein System nur in Differenz zu seiner Umwelt. Am Anfang steht daher eine Differenz, eine Leitunterscheidung, die der gesamten Systemtheorie zugrunde liegt: System – Umwelt.

Blickt man in das System, so findet man Elemente, die mit Heinz von Foerster, der den Systembegriff vom griechischen Wort *synhistamein* (*histamein,* »stehen«, und *syn,* »zusammen«) ableitet, auf eine bestimmte Art und Weise so »zusammenstehen«, dass sie eine geschlossene Konfiguration – ein Ganzes – bilden. Dazu dürfen die (konstitutiven) Elemente des Systems aber nicht einfach ungeordnet und irgendwie zusammenstehen, sondern müssen in einem bestimmten Verhältnis, in einer bestimmten Relation zueinander positioniert sein. Was daher primär interessiert, ist das Ordnungs- oder Organisationsmuster, das sich durch den Zusammenhang der Beziehungen, das Zusammenstehen und -wirken der Elemente abzeichnet und ein System zu einem bestimmten Typ von System macht. Das Ganze ist mehr und anders als die Summe der Teile. Das Verhältnis, in dem die Teile zueinander stehen, und die Wechselwirkungen, die zwischen ihnen entstehen, sind ausschlaggebend dafür, dass ein Ganzes als neue Qualität mit neuen Eigenschaften entstehen kann. Erst wenn Ziegel, Dach, Fenster und Türen in einer sinnvollen Relation zueinander geordnet, also (von jemandem) organisiert werden, können wir von einem Haus sprechen.

Je nachdem, ob ein System die Grenzziehung zur Umwelt und den Aufbau und den Erhalt seiner Ordnung intern regelt – das heißt: sich selbst organisiert – oder ob seine Grenze und Organisation – wie bei einem Haus – von außen hergestellt und erzeugt wird, unterscheidet man verschiedene Systemtypen (vgl. Tabelle 1). Auf der einen Seite gibt es Organismen, psychische oder Bewusstseinssysteme – »das psychische System kann man am besten mit dem Begriff ›Bewusstsein‹ übersetzen« (Luhmann, 2004, S. 45) – und soziale Systeme oder Kommunikationssysteme. Selbstorganisierende Systeme bauen ihre eigene Struktur und folgen ihren eigenen Regeln, ihrer eigenen Systemlogik und sind auch nicht von ihrer Umwelt instruier- und steuerbar, aber lernfähig und autonom.

Auf der anderen Seite stehen Systeme, die von außen organisiert und erzeugt werden – Artefakte, technische Systeme.

Tabelle 1: Systemtypen (eigene Darstellung nach Luhmann)

<table>
<tr><th>Von außen organisierte Systeme</th><th colspan="5">Sich selbst organisierende Systeme</th></tr>
<tr><td rowspan="2">Technische Systeme, Maschinen, Artefakte</td><td rowspan="2">Organismen

(Biologische Systeme)</td><td rowspan="2">Psychische Systeme

(Bewusstseinssysteme)</td><td colspan="3">Soziale Systeme (Kommunikationssysteme)</td></tr>
<tr><td>Interaktionen</td><td>Organisationen</td><td>Gesellschaft (mit ihren Funktionssystemen: Religion, Recht, Erziehung, Politik, Wirtschaft, Wissenschaft, Kunst, Gesundheit, etc.)</td></tr>
<tr><td>Allopoietische Systeme</td><td colspan="5">Autopoietische Systeme</td></tr>
<tr><td>Triviale Maschinen</td><td colspan="5">Nichttriviale Maschinen</td></tr>
</table>

- Von außen organisierte Systeme werden auch als *allopoietisch,* sich selbst organisierende als *autopoietisch* bezeichnet (vgl. Shortcut 5, S. 40).
- In Heinz von Foersters Sprache entsprechen von außen organisierten Systemen triviale und sich selbst organisierenden Systemen nichttriviale Maschinen (vgl. Shortcut 13, S. 101).

Die ethische Gretchenfrage

Nun sag, wie hast du's mit der Ethik?

Es gibt Fragen, die klar und eindeutig zu beantworten sind. Dann gibt es Fragen, die zwar noch nicht beantwortet sind, aber dennoch ein Potenzial für eine mögliche zukünftige Entscheidbarkeit besitzen. Und schließlich gibt es Fragen, die prinzipiell nicht zu beantworten sind.

Für die erste Kategorie, die beantwortbaren Fragen, liegen bereits vorgefertigte Antworten fest beziehungsweise können die Antworten durch Anwendung einer bestimmten Regel einfach ermittelt werden. Wie hoch ist der Stephansdom? Ist die Zahl 358 durch 2 (restlos) teilbar? Die Relation von Frage und Antwort ist trivial und bereits durch die Wahl des Rahmens, in dem die Frage gestellt wird (zum Beispiel im Rahmen mathematischer Probleme), und die Wahl der Regeln, die zur Anwendung kommen (zum Beispiel die Regeln der Arithmetik), im Voraus bestimmt.

Zur Kategorie der potenziell entscheidbaren Fragen zählen solche, die mit dem derzeitigen evolutionären Stand der Menschheit und dem State of the Art der technischen und wissenschaftlichen Entwicklung *noch* unbeantwortbar und offen sind, jedoch möglicherweise – aber nicht unbedingt – in der Zukunft entschieden werden können. In diese Kategorie der Fragen fällt beispielsweise die Suche nach Beweisen und Lösungen mathematischer Rätsel, wie etwa Pierre de Fermats letztes Theorem: Pythagoras' Satz $a^2 + b^2 = c^2$ gilt immer und überall, jedoch nur in der Zweier-Potenz. Angeblich war es Fermat gelungen, einen Beweis für dieses Phänomen zu finden, der jedoch verloren ging. Seither zog die Suche danach, für den sogar ein Preis ausgeschrieben wurde, ganze Generationen von Mathematikern in ihren Bann. Schließlich sollte Andrew Wiles 1995 die Lösung des Rätsels gelingen und aus einer bislang nicht zu beantwortenden Frage wurde eine beantwortbare Frage.

Darüber hinaus gibt es aber auch logische Probleme, die ihrer Natur nach nicht bloß potenziell, sondern prinzipiell nicht zu entscheiden sind. Zum Beispiel Aussagen, die einen unauflösbaren Widerspruch beinhalten, wie Antinomien und Paradoxien. Selbstbezügliche Aussagen sind Aussagen über Aussagen, die von sich selbst behaupten, dass sie in einer Formalisierung nicht ableitbar sind, dass weder eine Formel A noch ihre Negation »nicht A« (–A) beweisbar sind. Der Kreter Epimenides sagt, dass alle Kreter lügen. Lügt er oder sagt er die Wahrheit? Rasiert sich der Barbier, der all diejenigen rasiert, die sich selbst nicht rasieren?

Grundsätzlich unbeantwortbare Fragen stellen sich aber nicht nur als logische Probleme, sondern betreffen uns als Menschen viel unmittelbarer und sehr persönlich. Dann geht es um existenzielle Fragen, philosophische Fragen, »letzte Fragen«: Gibt es einen Plan oder eine Absicht hinter der Entstehung des Universums? Warum gibt es *etwas* und nicht *nichts?* Was ist der Sinn des Lebens? Es sind die prinzipiell unbeantwortbaren Fragen, die uns herausfordern, denn sie konfrontieren uns unmittelbar mit uns selbst und fragen nach der Haltung, die wir uns selbst, anderen und der Welt gegenüber einnehmen.

Während die erste Kategorie an Fragen keine Wahlmöglichkeiten für eigene Antworten offenlässt, sind prinzipiell unbeantwortbare Fragen in dem Versuch ihrer Beantwortung mit der Freiheit der eigenen Wahl verbunden, denn diese Fragen unterliegen keinem Formalismus, auch nicht dem Kausalitätsprinzip. In diesem Bereich gibt es keinen Algorithmus, keine allgemeingültige Regel oder Logik, die eine Antwort im Voraus festlegen würde. Jeder Einzelne ist bei diesen Fragen aufgefordert, aber auch frei – so er sich befreien konnte (dazu später) –, selbst eine Entscheidung zu treffen und eine Antwort zu (er)finden. Es gibt keine Einschränkungen: »Wir stehen nicht unter Zwang, nicht einmal dem der Logik, wenn wir über prinzipiell unentscheidbare Fragen entscheiden. Es besteht keine äußere Notwendigkeit, die uns zwingt, derartige Fragen irgendwie zu beantworten. Wir sind frei!« (von Foerster, 2001, S. 54 f.).

Dass jede Antwort weniger über das Lösen des Problems – denn die Frage bleibt prinzipiell unbeantwortbar – Auskunft gibt, als vielmehr etwas über den Beantworter selbst aussagt, ist offenkundig. Und da jede Antwort untrennbar an den Beantworter gekoppelt ist, kann er sich auch nicht mehr entziehen und heraushalten: Er muss die Verantwortung für seine freie Entscheidung übernehmen.

In diesem Sinne steht Freiheit – und damit Verantwortung – als Grundentscheidung der Ethik am Anfang. Der Leser ist eingeladen, von Foersters Aufforderung Folge zu leisten, die zentrale unentscheidbare Frage, hier als die *ethische Gretchenfrage* bezeichnet, zu beantworten.

Reflexion 2: Die ethische Gretchenfrage

(A) »Befinde ich mich außerhalb der Welt? (Das heißt: Immer wenn ich meine Augen darauf richte, sehe ich wie durch ein Guckloch auf die Welt.)«
(B) »Oder: Bin ich Teil der Welt? (Das heißt: Immer wenn ich etwas tue [z. B. meine Augen auf die Welt richte, R. B.], verändere ich sowohl mich als auch die Welt.)« (von Foerster, 1993b, S. 352).

So harmlos die Aufforderung, die ethische Gretchenfrage zu beantworten, zunächst auch scheinen und so leicht deren Beantwortung dem einen oder anderen auch fallen mag, so kann sie einen bei näherer Betrachtung in eine mentale Bredouille bringen, denn nicht umsonst ist sie eben unbeantwortbar – zumindest mit den Mitteln der klassischen Logik und dem vertrauten linearen Denken.

Wie soll die ethische Gretchenfrage beantwortet werden? Welche Position ist die richtige? A, die »Gucklochposition«, oder B, die »Teil-der-Welt Position«? Oder irren gar beide – A und B –, denn sowohl A als auch B haben recht?

Auf alle Fälle, das sei hier bereits verraten, ist das Stellen der ethischen Gretchenfrage ein didaktischer Trick Heinz von Foersters (vgl. das Kapitel »Sehen des Sehens«, S. 77), der zum Nachdenken über das gewohnte Denken anregen und dabei eine ethische Grundhaltung ohne jegliche moralische Vorgaben einführen und schmackhaft machen möchte.

Entdecken des Erfindens und Erfinden des Entdeckens

Niemand wollte gestehen, dass eine Idee, ein Begriff der Beobachtung zum Grunde liegen, die Erfahrung befördern, ja das Finden und Erfinden begünstigen könne.
Johann Wolfgang von Goethe

Das Essen vom Baum der Erkenntnis hat uns Menschen bekanntlich das Paradies – unsere Unschuld – gekostet. Seither waren wir, wie Goethes Faust, vom Verlangen danach getrieben, zu erkennen, »was die Welt im Innersten zusammenhält« (1808, S. 34). Heute aber wollen wir nicht mehr nur wie Faust wissen, *was* die Welt im Innersten zusammenhält, sondern darüber hinaus auch noch, *wie wir dazu kommen können,* zu erkennen, was die Welt im Innersten zusammenhält. Entsprechend lautet die Kernfrage der Philosophie des Abendlandes: Ist eine Erkenntnis von der Welt überhaupt möglich und wenn ja, wie? In welchem Verhältnis stehen das Subjekt und das Objekt der Erkenntnis, der Beobachter und die von ihm beobachtete Welt?

Mit von Foerster erfordert die Entscheidung der ethischen Gretchenfrage eine erkenntnistheoretische Positionierung, weil sie nur in enger Korrelation zu einem zweiten Fragenpaar zu lesen ist:

»Ist die Welt die primäre Ursache? (Das heißt: Meine Erfahrung wird von der Welt bewirkt.)

Oder: Ist meine Erfahrung die primäre Ursache? (Das heißt: Die Welt ist Ergebnis meiner Erfahrung.)« (von Foerster, 1993b, S. 352).

Kurz: Entdecke oder erfinde ich die Welt?

Der ersten Position, dem *Locus observandi,* in der die Welt als vollkommen unabhängig vom Beobachter gegeben erachtet wird und daher auch entdeckt werden kann, steht die zweite Position gegenüber, die *konstruktivistische Perspektive,* in der die Erfahrung der Welt das Ergebnis eines Konstruktionsprozesses (des Erfindens) ist.

Wenn im ethischen Kontext vom *Beobachter* die Rede ist, dann ist damit ein menschlicher Beobachter gemeint, der über ein Bewusstsein und kognitive Fähigkeiten verfügt: Dazu gehören die Wahrnehmung, das Gedächtnis, die Fähigkeit logische Schlüsse zu ziehen und

Voraussagen machen zu können, sowie sich einer im Umfeld vorhandenen Sprache zu bedienen und Beschreibungen seiner Beobachtungen anzufertigen. Kognition ist dabei nicht losgelöst von Emotionen und Motiven (vgl. Shortcut 3, S. 33), sondern vielmehr als zirkulärer Zusammenhang aller Faktoren zu betrachten. Fühlen und Denken (beziehungsweise Emotion und Kognition, Affektivität und Logik) sind untrennbar miteinander verbunden und wirken in sämtlichen psychischen Leistungen zusammen (vgl. Ciompi, 2004, S. 28). Emotionen werden von der Wahrnehmung und deren systeminterner Interpretation (Denken, Vorstellen) ausgelöst und umgekehrt: Emotionen beeinflussen die Wahrnehmung und das Denken (Interpretation). Der Zusammenhang von Wahrnehmung, Denken und Emotion konnte auch durch neurobiologische Befunde bestätigt werden, die aufzeigen, dass Menschen, die aufgrund einer Schädigung im Bereich des präfrontalen Cortex ihre Emotionalität eingebüßt hatten, auch nicht in der Lage waren (obgleich ihr Verstand sonst keinerlei Einschränkungen zeigte), logische Begründungen für Entscheidungen zu finden (vgl. Damasio, 2004). Auch Piaget und Inhelder (2004, S. 156) machen darauf aufmerksam, dass es »kein Verhalten [gibt], so intellektuell es auch sein mag, das nicht als Triebfeder affektive Faktoren enthalten würde; doch umgekehrt kann es auch keine affektiven Zustände geben, ohne dass Wahrnehmung und Anschauung mitwirken, die ihre kognitive Struktur ausmachen.«

Kognitive Fähigkeiten unterscheiden den Menschen aber noch nicht vom Tier. Auch Tiere haben ein Bewusstsein, können denken, sie lernen und zeigen mitunter fantastische Fähigkeiten, die den menschlichen überlegen sind. Was den Menschen jedoch vom Tier unterscheidet, ist seine *Sprache*. Denn von Sprache im menschlichen Sinne kann erst dann gesprochen werden, wenn man einen Begriff von Sprache hat beziehungsweise die Sprache einen Begriff von sich selbst hat. Das soll nicht heißen, dass Tiere keine Sprache verwenden. Tiere geben einander Zeichen, benutzen eine Sprache, um ihr Verhalten aufeinander abzustimmen, einander zum Beispiel den Weg zu den Futterplätzen zu zeigen. Sie koordinieren ihr Verhalten mittels Sprache – ob auf der Grundlage von Pheromonen oder Zeichen –, sie kommunizieren. Was sie allerdings nicht können ist, über ihre Kommunikation zu kommunizieren. Menschliche Sprache zeichnet sich hingegen durch ihren potenziellen Selbstbezug, die Möglichkeit der Selbstthematisierung aus: Nur durch die Sprache kann die Sprache als Sprache zur Sprache gebracht werden. Es ist ihre Sprache, mit der die Menschen aus ihrer Natur Kulturen geformt haben.

Shortcut 3: Affekte und Gefühle

Während Affekte auch ohne Beteiligung höherer kognitiver Funktionen auftreten, sind Gefühle das Resultat des Zusammenwirkens physiologischer Erregungszustände und kognitiver *Bewertungen,* die mit sozial vermittelten sprachlichen Begriffen, beispielsweise als Wut oder Sehnsucht, Überraschung oder Enttäuschung, bezeichnet werden.

Grundgefühle oder Basisemotionen wie Wut, Freude, Angst, Trauer findet man in allen Ethnien und Kulturen gleichermaßen vor. Sie lassen sich durch biologische und psychische Prozesse erklären, die für die Spezies Mensch typisch sind und bewirken, dass zum Beispiel ein bestimmter Gesichtsausdruck stets gleich bewertet wird. Grundgefühle sind nachweislich an bestimmte neuronale Prozesse gebunden, die kulturunabhängig bei allen Menschen dasselbe biologische Rückmeldungsmuster zeigen, wie zum Beispiel das Ausschütten von Botenstoffen oder das Ansteigen des Blutdrucks.

Obwohl die Grundgefühle universell menschlich sind, wird jedoch der Ausdruck von Gefühlen je nach kulturellem Kontext unterschiedlich bewertet und variiert daher auch von Kultur zu Kultur. So lernt das Kind, welche Formen des Ausdrucks von Gefühlen sozial akzeptiert werden, welche es wie und in welcher Intensität wo zeigen beziehungsweise nicht zeigen darf. Beispielsweise bringt man in Japan Trauer traditionell nur dem Ehepartner oder den Eltern gegenüber zum Ausdruck.

In welcher Form auch immer Gefühle, aber auch Affekte, zum Ausdruck – oder zum Nichtausdruck – kommen, sie beeinflussen die Motive des Beobachters maßgeblich (vgl. das Kapitel »Absicht des Gemeinsamen«, S. 71).

Locus observandi

Wer sich bei der Beantwortung der ethischen Gretchenfrage für die erste Position des Locus observandi entscheidet, stellt sich ganz im Sinne der Aufklärung eine Welt vor, die *ist,* so wie sie ist, unabhängig vom Bewusstsein und der Wahrnehmung des Beobachters.

Die Aufklärung hatte Gott durch den Glauben an die wissenschaftliche Erklärbarkeit dieser Welt zu ersetzen versucht. Was früher der Glaube an Gott war, ist zum Glauben an die Wissenschaft geworden. Die Welt ist das Objektive, das *objectum,* das dem Verstand Vorgesetzte (lat. *obicere,* »entgegenwerfen, vorsetzen«) und Vorausgesetzte, die primäre Ursache der Erfahrung des Beobachters. Dessen Aufgabe besteht lediglich darin, die Welt, die er entdeckt und vorfindet, unabhängig von eigenen Einflüssen, so wie sie *ist* – ihr Wesen, ihr Sein, ihre Beschaffenheit, ihre Eigenschaften und Wirkungen –, zu beobachten und zu beschreiben.

Dem cartesianischen Paradigma der wissenschaftlichen Redlichkeit entsprechend gewinnen die Aussagen über die Welt nur dann objektiven Status, wenn sie unabhängig vom Beobachter und dessen Methode wiederholbar, also intersubjektiv nachprüfbar und -vollziehbar sind. Die Eigenschaften des Beobachters dürfen also nicht in seine Beobachtung und seine Beschreibung eingehen. Dieser Anspruch auf Objektivität verlangt nach einem besonderen erkenntnistheoretischen Ort völlig neutraler, passiver Beobachtung, dem Helmholtz'schen Locus observandi (vgl. von Foerster u. Bröcker, 2002, S. 67): ein imaginärer Platz, auf dem der Beobachter, von sich selbst, seinen Besonderheiten und Eigenschaften vollständig entblößt, wie durch ein Guckloch eine sich vor seinen Augen ausbreitende, von ihm selbst völlig unabhängige Welt entdeckt. Beobachten wird hier als eine passiv-rezipierende, subjektlose Angelegenheit verstanden. Schon das Wort »Tätigkeit« wäre irreführend, denn eine Tätigkeit zeichnet sich durch Aktivität aus. Die Konzeption der Wahrnehmung basiert beim Locus observandi auf der Vorstellung, dass die ontologisch vorgegebene Welt durch die Sinnesorgane aufgenommen wird, dann ins Gehirn gelangt und dort ein mehr oder minder exaktes Abbild dieser Wirklichkeit erzeugt. Die Welt dringt von außen nach innen, wird wie eine Kopie internalisiert und im

Gehirn des Beobachters repräsentiert. Das Gehirn funktioniert nach dem Prinzip einer behavioristischen Reiz-Reaktions-Maschine, wie eine Art Videokamera oder ein Aufnahmegerät.

Wenn es dem Beobachter nun gelingt, die Welt so, wie sie ist, exakt abbilden und beschreiben zu können, dann sind auch seine Aussagen über die Welt so absolut und objektiv wie die Welt selbst. Mit anderen Worten: Die Objektivität der Welt deckt sich mit den Aussagen des Beobachters, der sich im Besitze der (wissenschaftlichen) Wahrheit wähnt. Denn was objektiv ist, ist auch wahr – und fordert allgemeine Gültigkeit. Der Siegeszug der Technik stattet dabei die Verkünder der wissenschaftlichen Wahrheit mit einer Autorität aus, die von ihren Rezipienten vor allem eines fordert: wieder – wie zu Zeiten Gottes – unbedingten Glauben. Aus einer (vermeintlichen) wissenschaftlichen Objektivität abgeleitete ideologische Wertungen, Haltungen und Weltanschauungen stellen in der Idee vom Locus observandi schließlich einen unhinterfragten, allgemein verpflichtenden Wahrheitsanspruch. Im Begriff dieser Wahrheit(en) lässt sich auch der semantische Begründungszusammenhang verorten, auf den sich moralische Aussagen und Wertungen stützen.

Aus der Geschichte wissen wir jedoch, wie oft die Wahrheiten von gestern die Lügen von heute sein können – mitunter mit verheerenden Folgen – und dass sogenannte unumstößliche Wahrheiten von jeher in gefährlicher Nähe zu totalitären ideologischen Strömungen stehen. Man denke beispielsweise an die Mendel'schen Erbgesetze zur Legitimation der »völkischen Rassenhygiene« der Nationalsozialisten. »Die Wahrheit von gestern«, so Paul Watzlawick (1985, S. 221), wird nur allzu oft »zur Häresie von heute; die für ihre Abweichungen Ermordeten werden zu genialen Sehern rehabilitiert.« Friedrich Nietzsche beispielsweise interessiert sich für Wahrheit daher nur in einem »außermoralischen Sinn«. In seiner Schrift »Zur Bekämpfung des Determinismus« (1897) bezeichnet er Wahrheit nicht als »etwas, was da wäre und was aufzufinden, zu entdecken wäre, sondern etwas, das zu schaffen ist« (zit. n. Montinari u. Colli, S. 375). Wahrheit bedeutet demnach eine gelungene, stimmige oder brauchbare »Relation der Dinge zu den Menschen«, die für ihn ausschließlich ästhetisch bestimmbar bleibt.

Die konstruktivistische Position

In der konstruktivistischen Position wird die Welt nicht vorgefunden und entdeckt, wie sie ist, sondern durch den Akt des Beobachtens *hervorgebracht,* wie Maturana und Varela sagen (vgl. Maturana u. Varela, 1987, S. 258). Das Gehirn bildet die Welt nicht ab, wie in der ersten Position des Locus observandi behauptet, es repräsentiert sie auch nicht, vielmehr konstruiert es die Welt.

Damit soll nicht gesagt sein, dass da draußen eine vollkommene Leere oder das Nichts herrscht (das Nichts ist eine an sich paradoxe Konstruktion, denn wenn vom Nichts gesprochen wird, wird von *etwas* gesprochen, nämlich dem Nichts). Es wird keineswegs behauptet, dass die Welt in Wirklichkeit gar nicht existiert, es keine Materie und Energie gibt und der Beobachter aus dem Nichts heraus die Welt erschafft.

Es existiert also nicht *nichts,* sondern *etwas.*

Nur dass dieses Etwas, das ist, wie es ist, dass diese ontologische Existenz keine vorgegebene Erscheinung besitzt. Die Welt da draußen enthält, so Heinz von Foerster, weder Farben noch Gerüche, weder Klänge noch Formen. Was aber ist dieses Etwas da draußen? Es gibt dort elektromagnetische Wellen, Schwingungsfrequenzen, die periodische Schwankungen des Luftdrucks erzeugen, Lichtwellen, bewegte Moleküle mit größerer oder geringerer durchschnittlicher kinetischer Energie.

Organismen reagieren nur auf einen geringen Anteil aller Schwingungsfrequenzen, aller Reize, welchen sie ausgesetzt sind. Damit das Nervensystem überhaupt aktiv wird, müssen Nervenzellen innerhalb dieses Spektrums ihrer Empfindlichkeit erregt (oder gehemmt) werden. Die Rezeptoren, die mit den Sinneswahrnehmungen des Sehens, Riechens, Schmeckens usw. verbunden sind, sind jedoch vollkommen unempfänglich für jegliche Qualität, also die Natur ihrer Stimulierung. Das Gehirn erhält von den Rezeptoren lediglich Informationen über das Wo, das heißt den Ort an der Körperoberfläche, und das Wieviel, also die Intensität an dieser Stelle. Von Foerster (1993b, S. 56) spricht von der undifferenzierten Kodierung: »Die Erregungszustände einer Nervenzelle kodieren *nicht* die Natur der Erregungsursache. (Kodiert wird nur: ›so und so viel an dieser Stelle meines Körpers‹, aber nicht ›was‹).« Die Nervenzellen kommunizieren in einer rein quantitativen Einheitssprache, die erst das Gehirn (über lokale Zuordnungen zur Körperoberfläche) in jene Qualitäten transformiert, die wir als die Welt der Farben, Formen, Düfte und Klänge erleben und erfahren – und dies sogar bis in unsere Träume hinein. Nicht die Welt ist bunt und klingend, bunt und klingend wird sie erst im Gehirn. Wir sehen, hören, riechen, schmecken mit dem Gehirn und nicht mit den Augen, Ohren, mit Nase und Zunge. Der Körper und die Sinnesorgane sind Voraussetzung (vgl. Shortcut 4), »aber die wahren Abenteuer sind im Kopf – und sind sie nicht im Kopf, dann sind sie nirgendwo« (André Heller).

Shortcut 4: Perzeption und Bewegung

Da das Gehirn nicht losgelöst von einem Körper betriebsfähig ist, sind Gehirn und Körper, Perzeption und Bewegung nur als ein geschlossenes Gesamtsystem vorstellbar. Jede Bewegung verändert die Wahrnehmung und jede Wahrnehmung verändert die Bewegung. Erst die Konsequenzen aus den Veränderungen der Körperoberfläche und den damit veränderten Wahrnehmungen, so Heinz von Foerster, lassen auf dreidimensionale Arrangements in der Umwelt schließen. »Diese Einsicht, dass das Motorium, wie ich es nenne, mit dem Sensorium rückgekoppelt wird und die Interpretation des Sensoriums vom Motorium die Bewegung des Motoriums interpretiert, führt zu einem Kreislauf einer gegenseitigen Interpretation der Aktivitäten von Sensorium und Motorium – und zu einer einheitlichen Darstellung der Wahrnehmungen« (von Foerster, 2002b, S. 119).

Das sensomotorische System ist aber nicht isoliert, sondern mit dem System der Emotionen und Affekte, mit biochemischen Prozessen, der Ausschüttung von Hormonen und Botenstoffen als verbunden zu verstehen. »When you see, you do not just see: you feel you are seeing something with your eyes« (Damasio, 2004, S. 225).

Errechnen der Welt

The map is the territory.
Heinz von Foerster

Da das Erscheinen der Welt in und durch interne Verarbeitungsprozesse im Gehirn entsteht, spricht Heinz von Foerster vom *Errechnen* der Welt: »Das Nervensystem ist so organisiert (bzw. organisiert sich selbst so), daß es eine stabile Realität errechnet« (von Foerster, 1993b, S. 47). Wahrnehmung steht in diesem Sinne mit Luhmann für die Externalisierung einer intern errechneten oder konstruierten Welt. Es gibt daher auch keine vorgegebene Landschaft, von der wir einfach eine Karte zeichnen könnten. Das Anfertigen der Karte selbst bringt die Merkmale der Landschaft hervor: »The map is the territory, die Landkarte ist das Land, wir haben ja nur maps und nichts anderes« (von Foerster u. Pörksen, 2004, S. 82). Wie ist diese Gleichung oder die Gleichsetzung von Landkarte und Land zu verstehen?

Eines der bedeutendsten und meistzitierten Theoreme Heinz von Foersters (1993b, S. 133), das sich auf das Phänomen der Wahrnehmung bezieht, lautet: »Die Umwelt enthält keine Informationen. Die Umwelt ist wie sie ist.« Es ist dies der elfte Satz einer logischen Ableitung, die genau dies nachweist: Umwelt enthält alles – aber keinerlei Information. Sie ist einfach, wie sie ist. Die daraus folgende zwölfte und letzte Ableitung in von Foersters Theorem (1993b, S. 133) lautet: »Die Umwelt wird erfahren als der Ort von Objekten, die stationär sind, die sich bewegen oder die sich verändern.« Das aber ist die gleiche Aussage, von der von Foerster in seiner Ableitung ausgegangen war. Die Sätze zwei bis zehn weisen einfach nach, dass Satz eins, der die Operation Wahrnehmung abstrakt beschreibt, ausschließlich Kategorien benutzt, die sich als die Berechnungen eines Beobachters erweisen. Ob ein Objekt sich bewegt oder ob es stationär bleibt, ja selbst der Objektstatus als solcher, ist nur beobachterrelativ bestimmbar. Und diese Beobachterrelativität gilt für alle Eigenschaften, die ein Beobachter seiner Umwelt zuschreiben kann.

Dass die Logik von von Foersters Ableitung kreisförmig funktioniert (Satz zwölf = Satz eins), demonstriert die notwendige Geschlossenheit jedes Wahrnehmungssystems: Geschlossenheit, die Voraussetzung ist, um sich als ein abgegrenztes Eigenes in Relation zu seiner

Umwelt setzen zu können, um aus der laufenden Berechnung dieser Relationen Rückschlüsse auf die Umwelt zu ziehen. Die Umwelt ist, wie sie ist, nicht so, wie wir sie sehen. Aber unser evolutionär entwickeltes Sehen bewährt sich als Werkzeug, um mit ihr sinnvoll umzugehen.

Im Gegensatz zu Heinz von Foerster behauptet der Mathematiker und Sprachwissenschaftler Alfred Korzybski einen Unterschied zwischen Landschaft und Landkarte: »Die Landkarte ist nicht das Gebiet« (Korzybski, 1933, S. 750). Die Landschaft, das Gebiet, ist etwas anderes als die Landkarte. Nichts anderes wurde auch weiter oben behauptet: Es gibt nicht nichts, sondern etwas, das in seiner Erscheinung mit den Wahrnehmungsmöglichkeiten seiner Beobachter variiert – und nicht wie Korzybski meint, dass dieses Etwas bereits eine bestimmte Form hätte. In konstruktivistischer Sicht zeichnet ein Beobachter mit seinem Pinsel, seinem Gehirn, in dieses formlose Etwas, ähnlich wie auf einem leeren Blatt Papier seine Landkarte von der Welt. Die Landschaft ist die Karte. Wir – aber auch nichts und niemand sonst – haben ja nichts anderes.

Heinz von Foerster (1993b) spricht in diesem Sinne von der Transformation der Objekteigenschaften, die üblicherweise der Welt zugeschrieben werden, in Eigenschaften des Beobachters. So sind auch die Naturgesetze die Bezeichnung eines Selektionsproduktes der Wahrnehmung und des Denkens (Eigenschaften des Beobachters), das auf der im Laufe einer millionenjährigen Gattungsgeschichte angehäuften Erfahrung des Beobachtens in der Welt beruht. Die Eigenschaften des Beobachters und die Bedingungen seines methodischen Zugangs bleiben fester Bestandteil jeder Information, die er aus einer Beobachtung (der Welt) gewinnt (erzeugt). In dieser Einsicht ist eine ethische Implikation enthalten. Denn »die Welt kann aus dieser Perspektive nicht zu etwas Feindlichem werden: Sie erscheint als ein Organ, als ein Teil des eigenen Körpers, der sich nicht abtrennen lässt« (von Foerster u. Pörksen, 2004, S. 158).

Im Gegensatz zu den Naturgesetzen, die vom Menschen geschrieben werden, müssen sich die Gesetze der Biologie jedoch selbst schreiben. Das Schreiben der Gesetze des Lebens folgt einer Logik, die auch das Leben selbst bestimmt. Leben funktioniert autopoietisch (vgl. Shortcut 5, S. 40). Autopoietische Systeme – biologische wie auch psychische und soziale – sind selbsterschaffend, selbsterhaltend, selbstorganisierend. Ihre Gesetzmäßigkeiten, die Logik, der sie folgen, und die Regeln, denen sie gehorchen, »schreiben« sie daher selbst – so wie auch das Gehirn nach seinen eigenen Regeln funktioniert und mit dieser Logik die Welt beobachtet. Als ein autopoietisches und autologisches System muss der Beobachter mitsamt seinen Eigenschaften, Interessen, Motiven, Absichten, Idiosynkrasien und mitsamt all seinen Beobachtungs- und Messmethoden – kurz: als er selbst –, in seine Beobachtung und Beschreibung der Welt miteinbezogen werden. Denn jede Wirklichkeit ist beobachtete Wirklichkeit, vermittelt immer durch das Unterscheiden eines Beobachters, der den Fokus seiner Aufmerksamkeit nur im Sinne eigener Absichten und Motive steuern kann.

Die konstruktivistische Grundfrage ist damit die Frage nach der Bobachtungslogik und der Qualität menschlicher Erkenntnismöglichkeit schlechthin. Gefragt wird nicht mehr, *was* denn die Realität sei, sondern *wie,* also vermittels welcher Kriterien Beobachter entscheiden, welche Unterscheidungen sie verwenden, um das zu konstruieren, was sie dann ihre Realität nennen.

Shortcut 5: Autopoiesis

Sich selbst organisierende Systeme arbeiten autopoietisch. Den Begriff *Autopoiesis* oder *Autopoiese* leiten Humberto Maturana und Francisco Varela von den griechischen Wörtern *autos* (»selbst«) und *poiein* (»produzieren, machen«) ab, er bedeutet demnach »selbst machen, selbst produzieren, sich selbst organisieren«, im Sinne von »sich selbst herstellen«. Aus der Biologie stammend, wurde das Autopoiesis-Konzept von Maturana und Varela zur Beschreibung lebender Systeme eingeführt. Niklas Luhmann hat den theoretischen Hintergrund der Autopoiesis von seinen biologischen Inhalten befreit und für den Bereich des Sozialen, für die Kommunikation, spezifiziert.

Kern des Begriffs ist der Aufbau und die Erhaltung der eigenen Organisation durch einen kontinuierlichen Prozess der Selbsterzeugung. Autopoietische Systeme reproduzieren in einem kontinuierlichen Prozess jene Elemente, aus denen sie selbst bestehen mit

Hilfe eben jener Elemente, aus welchen sie bestehen. Auf diese Weise bringt sich das System als jene geschlossene Organisation, die es *ist,* selbst hervor, bestimmt und sichert seine Grenz- und Differenzsetzung zur Umwelt und sorgt für sein Fortbestehen, indem es seine Operationen zeitlich auf Dauer stellt.

Je nach Systemtyp greifen Systeme auf ihre spezifische Operationsweise zurück, denn sie können ausschließlich ihren eigenen Modus der autopoietischen Reproduktion anwenden. Mit Luhmann gibt es drei Arten der Autopoiesis (vgl. Tabelle 2): Prozesse des Lebens, des Bewusstseins und der Kommunikation. In lebenden Systemen führt ein komplexes Netzwerk von Stoffwechsel- und Entwicklungsprozessen zur permanenten (Re-)Produktion und materiellen Verkörperung des Organismus. Psychische oder Bewusstseinssysteme halten sich durch psychische Prozesse – Vorstellungs- und Denkprozesse inklusive Affekten und Gefühlen – am Laufen. Soziale Systeme konstituieren und erhalten sich durch Prozesse rekursiver Kommunikation. Soziale Systeme können daher auch nicht aus Menschen, auch nicht aus Handlungen, sondern ausschließlich aus Kommunikationen bestehen. »Es gibt keine anderen Elemente, keine weitere Substanz als eben Kommunikation« (Luhmann, 1989, S. 12).

Tabelle 2: Arten der Autopoiesis

Systemtypen	Art der Autopoiesis		
Organismen (Körper)	Leben	–	Stoffwechselprozesse
Psychische Systeme (Bewusstseinssysteme)	Bewusstsein	–	Vorstellungen, Denkprozesse, Gedanken, Gefühle
Soziale Systeme (Kommunikationssysteme)	Kommunikation	–	Kommunikationsprozesse

Im Begriff der Autopoiesis fällt das, was ein System *ist* (sein fundamentales System-Sein, seine Struktur) und was es *tut* (seine Operationen), um sich permanent selbst zu reproduzieren, in eins zusammen: Struktur = Prozess.

Beobachter beobachten, ein Kalkül

In der kreiskausalen logischen Ableitung Heinz von Foersters (Satz zwölf = Satz eins) bestätigt sich, dass das Erscheinen der Welt ein Produkt der Gehirntätigkeit auf Basis der körpereigenen Sensomotorik ist. Bei Spencer-Brown (1995, S. 135) heißt es dazu:

> »Mit dem erschienenen Universum konfrontiert, fragten wir alle: Was ist es? Dann suchten wir nach der Antwort in genau der falschen Richtung. Wir suchten alle nach einem Satz von Beschreibungen davon, wie es aussieht. Der richtige Weg ist der, die Anweisung zu entdecken, wie man es herstellt. Natürlich können wir diesen Anweisungen nicht folgen, wir können den Schöpfungsakt, den sie festlegen, nicht durchführen, ohne mit dem identisch zu werden, was erschaffen wird.«

Beobachten ist nicht passiv rezipierend, sondern wird als das konstruierende Operieren eines Beobachters gefasst. George Spencer-Browns Kalkül des Beobachtens gibt dem Konstruktivismus eine operationale Darstellungsform und macht deutlich, wie sich die Welt durch Beobachten erfindet. »Draw a distinction and a universe comes into being« (Spencer-Brown, 1994, S. 3 f.). Beobachten – gefasst als *Unterscheiden und Bezeichnen* – wird als *die* abstrakte Grundstruktur jeglichen Operierens (von Welt, in und an dieser Welt) erkennbar.

Das entscheidende Argument, aus einer Reihe von Möglichkeiten die Entscheidung für eine konkrete Unterscheidung zu treffen, ist das Motiv eines Beobachters. Andernfalls wäre jede Unterscheidung willkürlich, beliebig, zufällig – besser und viel grundsätzlicher formuliert: Solange ein Motiv fehlt, wird erst gar keine Unterscheidung getroffen.

Hinter jedem Motiv steht ein fundamentaler Impuls oder Antrieb, den Spencer-Brown (1994, S. 60) als das »Verlangen zu unterscheiden« bezeichnet. »Das Verlangen zu unterscheiden führt unweigerlich zur Form: Die Konzeption der Form liegt im Verlangen zu unterscheiden. Dieses Verlangen vorausgesetzt, können wir der Form nicht entrinnen, obwohl wir sie auf jede Weise sehen können, die uns gefällt.« Aus diesem Verlangen zu unterscheiden entsteht alles Beobachten und aus allem Beobachten entsteht die Welt als der Unterschied, den das Unterscheiden aller existierenden Beobachter macht.

Triff eine Unterscheidung!

Trifft ein Beobachter nun eine Unterscheidung, teilt er den Raum in eine Zwei-Seiten-Form. Er richtet seine Aufmerksamkeit auf etwas, hebt dieses Etwas aus dessen Kontext hervor, grenzt es, indem er es bezeichnet, von allem, was es nicht ist, vom ganzen »Rest der Welt« ab. Spencer-Brown (1994, S. 127 f.) demonstriert dies, indem er einen Kreis zeichnet, um ein Innen von einem Außen zu differenzieren: »Wenn du eine Unterscheidung triffst, welcher Art auch immer, besteht die einfachste Art, ihre erforderlichen Eigenschaften mathematisch darzustellen, in einer geschlossenen Kurve, etwa einem Kreis. Hier unterscheidet der Umfang zwei Seiten, eine Innen- und eine Außenseite.« Wir haben einen marked space, einen unmarked space und die Grenze dazwischen (vgl. Abbildung 1).

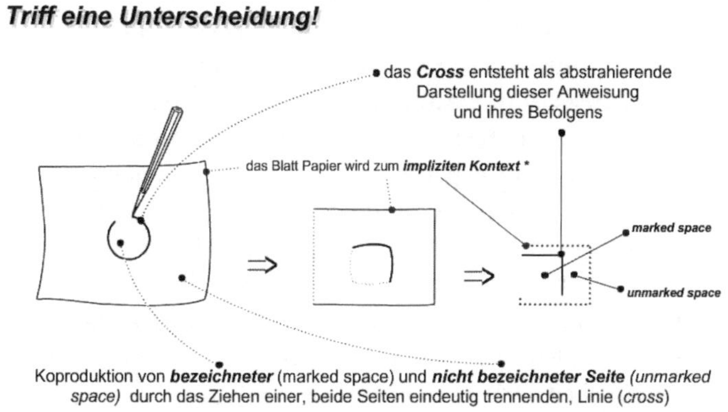

Abbildung 1: Triff eine Unterscheidung! (Blume, 2012, S. 34). Impliziter Kontext: Jede Unterscheidung (jedes Cross) impliziert einen Kontext, der die Gültigkeit begrenzt. So stellt eine Kreislinie nur auf einem ebenen Blatt Papier eine eindeutige Unterscheidung dar – nicht aber z. B. im dreidimensionalen Raum. Weil aber ein impliziter Kontext immer gegeben ist, muss er im Kalkül nicht notiert werden.

Im einzigen Zeichen des Kalküls, im Cross (als Abstraktion der Grenze), bündeln sich die Begriffe Motiv, Absicht und Entscheidung (zur Unterscheidung). Das Cross ist kontextabhängig auf zweierlei

Weise zu lesen: (1) Als Anweisung, die Grenze zu kreuzen, also den Fokus der Aufmerksamkeit ins Innere des Kreises, auf die markierte (oder auch: operative) Seite zu richten. (2) Als Name (Wert) des Raumes, der durch die Operation des Kreuzens betreten wird. Der Name, steht für den Wert – die Bedeutung – des unterschiedenen Raums, Inhalts oder Zustands. »Wenn ein Inhalt einen Wert hat, kann ein Name herangezogen werden, diesen Wert zu bezeichnen. Somit kann das Nennen des Namens mit dem Wert des Inhalts identifiziert werden« (Spencer-Brown, 1994, S. 1) (vgl. Abbildung 2).

Abbildung 2: Cross

Der Beobachter trifft eine Unterscheidung, indem er aus einem gegebenen Kontext etwas Bestimmtes herausgreift, mit einem Namen bezeichnet, und so zur Innenseite seiner Unterscheidung macht. »Wir bemerken eine Seite einer Ding-Grenze um den Preis, der anderen Seite weniger Aufmerksamkeit zu widmen« (Spencer-Brown, 1994, S. 189). Wir können nicht beide Seiten der Unterscheidung, marked und unmarked space, gleichzeitig sehen, was nicht zufällig an das bekannte Figur-Grund-Problem erinnert. Abbildung 3 (S. 45) macht deutlich, dass wir nur die Seite »Figur« sehen können, die Seite »Grund« bleibt ungesehen. Wir können aber den Grund zur Figur machen, indem wir die Aufmerksamkeit auf die andere Seite richten. Was nicht möglich ist, ist beide Seiten zugleich als Figur zu sehen.

■ Reflexion 3: Die Paradoxie der Gleichzeitigkeit des Unterschiedenen

Die Paradoxie oder Unmöglichkeit der Gleichzeitigkeit, des Zugleichs beider Seiten der Unterscheidung, kommt in vielen Werken M. C. Eschers wie beispielsweise in »Circle Limit IV (Heaven and Hell)« und in »Watercolor 45« (vgl. Abbildung 3), zum Ausdruck:

Abbildung 3: M. C. Escher »Watercolor 45« (Escher, 1941)[1]

Die Paradoxie der Gleichzeitigkeit des Unterschiedenen kann nur durch Oszillation gelöst werden – denn man kann lediglich entweder die eine oder die andere Seite in den Fokus der Aufmerksamkeit stellen: entweder Engel (weiß) oder Dämon (schwarz). Was Figur und was Grund ist, Engel oder Dämon, entscheidet der Beobachter. Um von der einen Seite zur anderen zu gelangen – hier vom Engel zum Dämon oder vom Dämon zum Engel –, bedarf es, wie Luhmann sagt, einer »Operation des Überschreitens« (Luhmann, 1997, S. 191), eines Sprungs, der Zeit braucht.

1 Zugriff am 21.06.2016 unter http://eschersite.com/eschersite/Escher_Watercolor_45.html.

Re-entry

An seinem Ende und Höhepunkt wird Spencer-Browns Kalkül schließlich rückbezüglich: Er vollzieht die Rückwendung zu sich selbst, indem er den Beobachter, hier also den Kalkulierenden, in sein Kalkül einbezieht: »Bevor wir Abschied nehmen, kehren wir zurück, um einen letzten Blick auf die Vereinbarung zu werfen, mit der der Bericht begonnen wurde« (Spencer-Brown, 1995, S. 59). Spencer-Brown fordert dazu auf, an den Anfang zurückzukehren, um dabei zu erkennen, dass der Beobachter selbst konstitutives Moment und Teil seiner Beobachtung ist. Indem er die Anweisung gibt, das Beobachten durch den Akt des Beobachtens zu erforschen, führt er zugleich Zeit als einen wesentlichen neuen Aspekt in sein Kalkül ein.

Das Thema der Selbstbeobachtung des Beobachters, seine Selbstreferenz, wird durch das Einführen der Zeit in der Form eines Re-entrys formulierbar (vgl. Abbildung 4), und zwar durch den Wiedereintritt einer Unterscheidung in den Raum, den diese Unterscheidung zuvor eröffnet hatte.

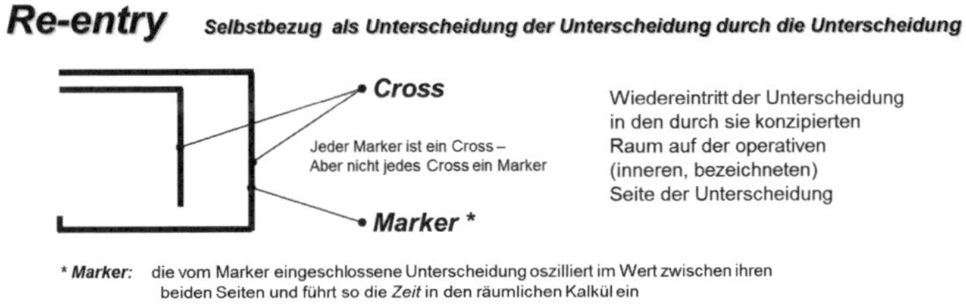

Abbildung 4: Re-entry

Beispielsweise kann die Unterscheidung *marked/unmarked* in einer der beiden Seiten wiederholt werden. Setzt man für *marked* sich selbst als Beobachter ein, erhält man Ich/Nicht-Ich und kann nun auf der Seite Ich erneut zwischen Ich und Nicht-Ich unterscheiden. Man entdeckt dabei, dass man eben nicht identisch mit dem eigenen Körper ist, der mit seiner Außenhaut die Grenze zwischen Ich und Nicht-Ich zu ziehen schien. Man unterscheidet in diesem Körper und findet, dass man zwar einen Körper hat, aber dieser nicht ist, weil man sich sehr wohl von diesem unterscheiden kann. Ich denke also diesen Unterschied und finde mich mit Descartes als Denkender wieder. Ich denke, also bin ich. Im Denken aber kann ich erneut zwischen Ich und Nicht-Ich differenzieren, und mir wird bewusst, dass Ich zwar Gedanken habe, aber ich diese nicht bin. Mit dem Bewusstsein wird es mir hernach aber ebenso gehen, und langsam wird klar, dass das Ich, dass der Beobachter, so nicht zu fassen sein wird: Er ist nicht auf einer der beiden Seiten der Unterscheidung zu finden, er ist vielmehr ein Drittes, nämlich die Grenze zwischen Ich und Nicht-Ich.

Das erinnert nicht von ungefähr an die buddhistische Beschreibung des *höheren Selbst* ex negativo, wie etwa durch Yajnalkya[2] im *Brihadaranyaka Upanishad* (3.5.1.): »Nicht kannst du den, der das Sehen ausführt, sehen; nicht den, der das Hören ausführt, hören; nicht den, der das Denken ausführt, denken; nicht den, der das Erkennen ausführt, erkennen« (Yogaservice, 2016). Diese Erkenntnismethode durch Ausschluss nennt der Jnana-Yoga, der Yoga des Denkens, bis heute die »Nicht-Nicht-Suche«. Darüber hinaus bezeichnet »Neti! Neti!« im Yoga den Zustand des Samadhi: Körper und Sinne ruhen wie im Schlaf, die Vernunft aber ist hellwach. »Dieser Zustand kann nur durch tiefes Schweigen ausgedrückt werden«, schreibt Yogameister B. K. S. Iyengar (Yogaservice, 2016). Dieser Ausflug in fernöstliche Weisheitslehren illustriert die Reichweite einer transklassischen Logikkonzeption à la George Spencer-Brown.

Das Beobachten des Beobachtens hat den Vorteil, dass der Beobachter sein Unterscheiden auf dessen Form hin untersuchen kann. Denn erstmals tritt diese Form als Ganzheit in seinen Blick: beide Seiten der Unterscheidung, marked und unmarked space *und* die Grenze dazwischen. Indem er beide Seiten der Unterscheidung sehen kann, erkennt er, dass die Form einschließt, was bisher ausgeschlossen schien, nämlich die unbezeichnete Seite. Was ebenfalls sichtbar wird, ist die Grenze, die Trennungslinie zwischen den beiden Seiten. Jene dritte Größe, die als ein eigener Wert erkennbar wird und die weder zur bezeichneten Seite noch zum unbezeichneten Rest der Welt gehört und dennoch sowohl mit der einen als auch mit der anderen Seite untrennbar verbunden ist. Diese dritte Größe ist

2 Vgl. Yogaservice. Zugriff am 15.04.2016 unter http: //www.yogaservice.de/inhalt/neti-neti-20110505. Nachfolgend wird die Quelle in der Kurzzitierweise mit »Yogaservice« abgekürzt.

nichts anderes als der Beobachter selbst, der die Unterscheidung trifft, um die es geht. Der Beobachter bemerkt sich selbst als dieses Dritte und Kern allen Beobachtens, als ein *Verlangen zu unterscheiden,* das sich in der Absicht eines jeden Beobachters, sich selbst vom Rest der Welt zu unterscheiden, manifestiert.

Durch das Re-entry »entdeckt« sich der Beobachter selbst und wird zur Zentralfigur der Kybernetik zweiter Ordnung und der systemisch-konstruktivistischen Weltsicht. In diesem Sinne meint Dirk Baecker auch: »Wenn man den Beobachter nicht entdeckt hätte, hätte man ihn erfinden müssen« (1993, S. 22).

Nicht das Objekt einer Beobachtung als solches interessiert, sondern der Beobachter selbst und der Prozess des Beobachtens, der die Erfahrung des Objekts erst erzeugt, stehen im Fokus der Aufmerksamkeit. Was der Beobachter dann erkennen kann, ist der Prozess seines Erkennens durch das Treffen seiner (auch anders möglichen) Unterscheidungen und die Wahl von (auch anders möglichen) Bezeichnungen gemäß seiner Absichten. Was damit aber in den Blick kommt und unter Entwicklungsdruck gerät, ist die Absicht (Motiv, Intention) des Beobachters als solche. Und das ist der zentrale Wirkpunkt der systemischen Ethik.

Realität und Wirklichkeit: eine Differenz, die Sinn macht

Jeder Konstruktivismus – und davon gibt es mehrere (psychischer, sozialer, physikalischer Konstruktivismus) – geht von der Einsicht aus, dass es für keinen Beobachter einen direkten, sprich unvermittelten Zugang zur Wirklichkeit geben kann. Indem sie den Beobachter in ihre Theorien über die Welt, über das, was ein Beobachter da beobachtet und beschreibt, miteinbeziehen, bilden Konstruktivismen den Übergang von jeglicher Ontologie zur Ontogenese dieser Ontologie, also den Übergang von den verschiedenen Theorien des Seins zu einer Theorie der Konstruktion dessen, was einem Beobachter schließlich als Sein erscheint. Im Fokus steht die Welt als das Produkt von Erkenntnisoperationen, die als solche prinzipiell unhintergehbar bleiben, weil ihr Erkennen notwendig wieder von Erkenntnisoperationen abhängig ist. Es ist immer ein Prozess des Beobachtens, der ein Sein als solches erst bestimmen, also unterscheiden und bezeichnen muss, um es als reale Wirklichkeit behaupten zu können.

Wirklichkeit ist immer die Wirklichkeit von Beobachtern. Auch die eigene Wirklichkeit eines Beobachters ist nie mehr als ein Resultat von Beobachtungen: des eigenen Körpers, des eigenen Denkens und schließlich des eigenen Beobachtens – und erst Letzteres meint Selbstbeobachtung. Ein Selbstbeobachter beobachtet sein eigenes Beobachten als eine bestimmte Weise, den Fokus seiner Aufmerksamkeit zu lenken, um dann bestimmte – auch anders mögliche – Unterscheidungen zu treffen, die er als seine Realität oder Wirklichkeit bezeichnet.

Ernst von Glasersfeld hat auf die (anscheinend nur in der deutschen Sprache gegebene) Möglichkeit hingewiesen, eine Differenz von Realität und Wirklichkeit auszudrücken. Realität hat fraglos ihre Wirkung und (diese) Wirklichkeit ist ebenso fraglos real. Realität und Wirklichkeit sind die zwei Seiten einer Differenz, die den inneren Prozess der Welt, das Existieren der Existenz – oder mit Heidegger: das Welten der Welt – beschreibt.

Vermittels der Differenz Realität/Wirklichkeit orientiert ein Beobachter sein Verhalten. Realität meint die Aktualität einer Situation, Wirklichkeit die potenzielle Wirkung dieser Aktualität (Realität) aus der Sicht eines Beobachters. Ein und dieselbe Realität bedeutet (be*wirkt*) für verschiedene Beobachter ganz Unterschiedliches: für den Löwen, der gerade eine Antilope erlegt, das Stillen seines Hungers, für die Antilope das Gefressenwerden und ihr Ende. Für den Jäger bewirkt dieses Naturschauspiel, das er durch das Fernglas mitverfolgt, möglicherweise einen Gesinnungswandel, schafft also *Sinn:* Er wird vom Jäger zum Heger, ernährt sich fortan vegetarisch und gründet eine Bewegung zum Schutz der Antilopen. Sinn ist die Bedeutung, die ein menschlicher Beobachter – der Jäger – einem bestimmten Sachverhalt in der Realität – dem Naturschauspiel – zuschreibt, um daraus seine Wirklichkeit zu generieren. Denn Sinn meint, »daß an allem, was aktuell bezeichnet wird, Verweisungen auf andere Möglichkeiten mitgemeint und miterfaßt sind« (Luhmann, 1998a, S. 48) – und zwar in Bezug auf die Sache, den sozialen Kontext und die zeitliche Dimension. Sinn tritt immer in abgrenzbaren Zusammenhängen (Realität) auf, verweist aber über den Zusammenhang, dem er angehört, hinaus, indem er andere Möglichkeiten vorstellbar macht (Wirklichkeit). Sinn ist ein unverbrauchbares Universalmedium, eine differenzlose Kategorie, denn auch die Negation von Sinn, der Un-Sinn oder Nicht-Sinn, macht Sinn und schafft Wirklichkeit. Und Sinn zeichnet sich durch Selbstreferenzialität aus, denn der Sinn des Sinns ist nichts anderes als Sinn (vgl. Luhmann, 1984, S. 97 ff.) – so wie die Wirklichkeit der Wirklichkeit wirklich ist. Sinn ist nichts anderes als das *Medium der menschlichen Wirklichkeit* schlechthin, denn er dient der psychischen und sozialen Ordnung und Organisation des Verhältnisses von Realität und Wirklichkeit. Sinn transformiert Realität in Wirklichkeit. Als Medium der Wirklichkeit ist Sinn daher das allgemeinste Medium, das »evolutionär Universale« (Luhmann, 1984, S. 96), das sowohl von psychischen als auch von sozialen Systemen genutzt wird. Ohne Sinn ist weder Bewusstsein noch Kommunikation möglich. Beide Systemarten sind auf Sinn angewiesen, für beide ist Sinn als »unerläßliche, unabweisbare Form ihrer Komplexität und ihrer Selbstreferenz« bindend (Luhmann, 1984, S. 92): »Nicht alle Systeme verarbeiten Komplexität und Selbstreferenz in der Form von Sinn; aber für die, die dies tun, gibt es nur diese Möglichkeit. Für sie wird Sinn zur Weltform und übergreift damit die Differenz von System und Umwelt« (Luhmann, 1984, S. 95).

Nicht nur die Natur, Löwen, Antilopen oder Jäger stellen füreinander Realitäten dar, die beobachterabhängig unterschiedliche Wirklichkeiten bedeuten. Auch die bloße Vorstellungskraft des Beobachters, die Imagination von etwas, ist eine reale Wirkkraft, also Realität, die Sinn macht und Wirklichkeit schafft. Ganz in diesem Sinne beantwortet Heinz von Foerster die Frage, was Realität sei, indem er eine Geschichte erzählt:

> »Ein Mullah, ein islamischer Priester, reitet nach Mekka. Auf seinem Kamelritt sieht er eine Gruppe junger Männer, die sehr verzweifelt sind. Er fragt sie: ›Warum seid ihr so verzweifelt?‹. Sie antworten: ›Unser Vater ist gestorben.‹ ›Allah segne ihn!‹ entgegnete der Mullah. ›Ihr habt doch sicherlich etwas geerbt, so braucht ihr nicht so unglücklich zu sein.‹ ›Ja‹, sagen sie, ›wir haben diese 17 Kamele geerbt. Und er hat uns vorgeschrieben, wie wir sie verteilen sollen. Der älteste soll die Hälfte der Kamele bekommen, der mittlere Bruder soll ein Drittel der Kamele bekommen,

und der kleinste ein Neuntel. Nun haben wir also die 17 Kamele und wie immer wir das einteilen, wir können keine Lösung finden!‹ Darauf sagt der Mullah: ›Ich borge euch mein Kamel. Jetzt habt ihr 18 Kamele; ein Neuntel, das sind zwei Kamele, erhält der jüngste Bruder; ein Drittel, das sind sechs Kamele, bekommt der mittlere Bruder; und die Hälfte, das sind neun, erhält der älteste. Insgesamt sind das 17 Kamele, so setze ich mich auf mein 18. Kamel und reite weiter.‹« (von Foerster, zit. n. Simon, 1998, S. 132).

Die Illusion des Besitzes eines 18. Kamels wird hier zur Realität, die wirkt.

Aus der Differenz Realität/Wirklichkeit rekonstruiert alles Beobachten zusammen eine je neue Realität, die natürlich wieder zugleich Wirklichkeit wird. Realität kann nun als Verbund aller Beobachter gelesen werden, denn sie errechnet sich aus dem rekursiven und zirkulären Zusammenwirken aller Beobachtungsprozesse als deren gemeinsamer und damit allgemeiner Eigenwert (zum Begriff *Eigenwert* vgl. Shortcut 6).

Erst in der Kommunikation aller Wahrnehmungen entsteht durch das Zusammenführen der individuell-perspektivischen Sichten eine (raumzeitlich transindividuelle) zunächst je regionale Wirklichkeit, die schließlich heute, in der Wirklichkeit der global gewordenen Sinndiskurse zum Eigenwert einer globalen Realität konvergieren muss. Und zwar in ultimativem Streit darüber, was denn die *eine* wahre und einzig richtige Sicht sei, wenn es nicht gelingt, eine gemeinsame globale Sicht auf alle diese Sichtweisen zu entwickeln. Eine Sicht, in der all die verschiedenen Wirklichkeitsansprüche zu einer bewussten Koexistenz finden und sich aufgrund eben ihrer Verschiedenheit gegenseitig bereichern können (vgl. das Kapitel »Das differenzlose Wir«, S. 66).

Shortcut 6: Rekursionen und Eigenwerte

Jedem Zustand des Seins (zu bestimmten Zeitpunkten) steht ein Prozess des Werdens gegenüber (vgl. Tabelle 3):

Tabelle 3: Sein und Werden

Sein	Werden
Identität	Veränderung
Struktur	Prozess
Ontologie	Ontogenese
Eigenwert	Rekursive Funktion

Auf der Seite des Werdens steht der rekursive Prozess permanenter Reproduktion durch die Autopoiesis im Fluss der Zeit. Auf der anderen Seite steht das System-*Sein* als Eigenwert, der Resultat dieses rekursiven Prozesses ist – die Verkörperung der Organisation und Struktur des Systems zu einem bestimmten Zeitpunkt.

Das Errechnen von Konstanz, Identität und Stabilität im Fluss permanenter Veränderung und Transformation beschreibt Heinz von Foerster mathematisch. Der formale Rechenapparat dazu ist die Rekursionstheorie. Stichworte sind Reflexivität, Rekursivität oder Zirkularität: Lässt man ein geschlossenes System rekursiv auf seine eigenen Outputs (indem diese zu Inputs werden) operieren, stellt sich unter bestimmten Bedingungen nach einiger Zeit ein stabiles Ergebnis ein. Eine Menge von Variablen nähert sich einem bestimmten Muster, einem Wert, einer Kurve, die als ein stabiler Zustand erscheint:

»Die Bedeutung von Rekursion ist, dass man den Weg, den man schon einmal zurückgelegt hat, noch einmal geht. Eines der Ergebnisse dabei ist, dass es unter bestimmten Voraussetzungen tatsächlich Lösungen gibt, die, wenn man sie wieder in die Formalisierung einbringt, erneut die gleichen Ergebnisse produzieren. Sie werden als ›Eigen-Werte‹, ›Eigen-Funktionen‹, ›Eigen-Verhalten‹ etc. bezeichnet, je nachdem, in welchem Bereich die Formalisierung durchgeführt wird. Bei Zahlen, Funktionen, Verhaltensweisen etc.« (von Foerster, 2002b, S. 100).

Nicht alle Funktionen konvergieren zu stabilen Werten und werden damit zur Realität. »Alles, was nicht stabil ist, explodiert sozusagen oder eliminiert sich selbst, kommt nicht mehr vor, kann nicht mehr auftauchen, ist verschwunden« (von Foerster, 2002b, S. 100).

Dagegen sind Objektkonstanz und -permanenz gute Beispiele für Eigenwertbildung in der Entwicklung psychischer Systeme. Die Konvergenz von Eigenverhalten kann beispielsweise auch ein bestimmtes Geschick in Bezug auf ein und im Umgang mit einem Objekt, also eine Kompetenz bedeuten. Ein Kind »begreift« ein Objekt – zum Beispiel einen Ball –, indem es mit ihm spielt. Beide, das Kind und der Ball, bilden dabei ein geschlossenes System, denn, so Piaget (2003, S. 44), »tatsächlich verschmelzen in jeder Handlung Subjekt und Objekt«. Das Kind »spielt« mit dem Ball, indem es rekursiv immer wieder auf die Ergebnisse seiner eigenen Operationen (Spiel mit dem Ball) einwirkt. Mit der Zeit entsteht im Kind ein stabiles Verhaltensmuster, eine Kompetenz (das Ballspielen), ein Eigenbehaviour.

Reflexion 4: Mathematische Reflexion

Heinz von Foerster demonstriert das Prinzip der Eigenwerte häufig mit dem einfachen Beispiel des Wurzelziehens. Man kann anfangen, mit welcher Zahl man auch will, wenn man aus dem Ergebnis immer wieder die Wurzel zieht, konvergiert der Prozess in Richtung der Eins als Eigenwert.

Die Mathematik als abstrakteste Sprache fasziniert immer wieder mit ihrem Symbolgehalt. Was bedeutet oben Gesagtes, wenn wir als Variable keine Zahlen, sondern menschliche Existenzen betrachten? Bildet die Operation des Quadrierens Prozesse des Aufbaus und des Lebens ab, so steht die gegenteilige Operation, das Wurzelziehen, für Prozesse des Abbaus und Sterbens. Was bedeutet in diesem Fall die Konvergenz in Richtung der Eins?

Ethik des Sowohl-als-auch

Sowohl-als-Auch statt Entweder-Oder,
ohne Wenn-und-Aber.
Hassan Mohsen

Die konstruktivistische Position mit dem Einbeziehen des Beobachters in seine Beobachtung der Welt lässt nur noch eine Entscheidung der ethischen Gretchenfrage zugunsten der Teil-der-Welt-Position zu. Der Beobachter ist Teil seiner Beobachtung, die er als Welt bezeichnet. Gleichzeitig wurde aber behauptet, dass es nur Landkarten gebe, dass die Landschaft die Landkarte sei. Und Landkarten sind im Kopf des Beobachters. So gesehen ist der Beobachter nicht Teil der Welt, sondern die Welt Teil des Beobachters. Das Problem, das sich hier ankündigt, liegt in der simplen Tatsache begründet, dass der Kopf des Beobachters vor allem eines ist: er ist rund. Und in diesem Kopf, genauer: innerhalb der Grenze seiner Haut ist der Beobachter von allem anderen, das es gibt, getrennt.

Einheit

Da das Nervensystem ob seiner operationalen Geschlossenheit und der undifferenzierten Verschlüsselung seines Signalflusses keinen direkten Zugang zur Außenwelt hat, von ihr getrennt und hermetisch abgeschlossen ist, »brät es«, salopp ausgedrückt, »im eigenen Saft«. Information ist ein systeminternes Konstrukt, das Gehirn bezieht sämtliche Informationen über die Welt aus sich selbst. Es ist gezwungen, in völliger Eigenregie seine gesamte Selbst- und Welterkenntnis ausschließlich aus sich selbst und mit Bezugnahme auf sich selbst zu konstruieren und zu rekonstruieren.

Ein altes Symbol der Selbstbezüglichkeit ist der *Ouroboros* (griech., »Schwanzverzehrer«), die Schlange, die sich in den eigenen Schwanz beißt, die mit ihrem Körper einen Kreis, die vollkommenste aller Formen, bildet. In Platons Dialog »Timaios« gilt der Ouroboros als das vollkommene, weil in sich selbst geschlossene und aus sich selbst heraus existierende Wesen (vgl. Platon, ca. 340 v. Chr./1940, S. 91 ff.).

Das epistemologische und methodologische Problem, das sich aus der Selbstbezüglichkeit ergibt, bezeichnet Heinz von Foerster (vgl. von Foerster, 1999, S. 21) als das »Einhirnproblem« – das Problem des einzelnen singulären Gehirns, das Problem der autopoietischen *Einheit* schlechthin. Denn im Modus der Selbstbezüglichkeit ist Welterkenntnis nicht ohne Selbsterkenntnis möglich – oder viel drastischer: Welterkenntnis ist Selbsterkenntnis.

Um zu einer Selbst- und damit Welterkenntnis zu kommen, bleibt dem Einhirn methodologisch nichts anders übrig, als mit eigenen Mitteln eigene Mittel zu beobachten, zu untersuchen und zu verstehen. Es muss der Frage nach seiner Operations- und Funktionsweise mit Hilfe seiner Operations- und Funktionsweise nachgehen.

> »Häufig gelten reflexive Probleme dieser Art als unlösbar und inakzeptabel. Mein Vorschlag besteht jedoch darin, die zirkuläre Ausgangslage vollkommen zu akzeptieren und sich selbst zum Instrument zu machen, um die Frage nach der eigenen Erfahrung und dem eigenen Tun eben durch das eigene Tun zu beantworten. Es gilt, die Operationen zu beobachten, die die Erfahrung entstehen lässt, die man erklären will« (Maturana u. Pörksen, 2002, S. 35).

Die Welt ist immer die Welt von Beobachtern. Die menschliche Welt ist die Welt, gesehen durch die Augen des Menschen. Da alle Menschen mit demselben biologischen und kognitiven Apparat ausgestattet sind – dem menschlichen Gehirn –, bleibt die philosophische Frage nach einer Realität hinter und jenseits der Welt des Menschen daher auch unbeantwortbar: »Wirklichkeit – wo haben Sie die?«, fragt Heinz von Foerster in einem Interview (Dammbeck, 2004). Was *gibt es* hinter oder jenseits der menschlichen Erfahrungswelt?

Inside the box

Hattest du schon einmal einen Traum,
der dir vollkommen real erschienen ist?
Was wäre, wenn du nie wieder
aus diesem Traum aufwachen würdest?
Woher wüsstest du, was Realität und was Traum ist?
Lana und Andy Wachowski

Der Beobachter lokalisiert sich selbst auf der Innenseite, innerhalb der Grenzen seiner Haut und seines Gehirns. *Inside the box* ist er ganz allein mit sich selbst, getrennt vom Rest der Welt (… und kommt lebend auch nicht mehr aus sich selbst heraus).

Jeder lebt inside the box in seiner eigenen Welt. »Die Welt des Glücklichen ist«, so Wittgenstein, »eine andere als die des Unglücklichen« (Wittgenstein, 2003, S. 109). Verstrickt in die eigene subjektive Erfahrungswelt und Wirklichkeit, existiert jeder in existenzieller Singularität, eingeschlossen in sich selbst, in sein eigenes inneres Universum, in eine Wirklichkeit, die sich einem anderen niemals je vollkommen erschließen wird. Wie sich die subjektive Welt eines anderen daher von innen anfühlt, werden wir niemals in Erfahrung bringen können. Man denke beispielsweise an das bekannte Qualiaproblem: Man kann nur für sich selbst wissen, wie sich sinnliche Erfahrungen anfühlen. Ob beispielsweise das Grün im eigenen Kopf exakt derselben Qualität und Erfahrung entspricht wie das Grün im Kopf eines anderen, kann man sich niemals *wirklich* sicher sein. Und da sich das gesamte Wissen ausschließlich auf die eigenen systeminternen Zustände bezieht, kann man – konsequent gedacht – auch von überhaupt nichts anderem als von den eigenen inneren Zuständen mit absoluter Sicherheit wissen, dass es sie gibt. Ob darüber hinaus überhaupt noch etwas anderes – *outside the box* – existiert, kann der Beobachter nicht wissen, denn er bewegt sich ja ausschließlich im Kreis seiner eigenen subjektiven Erfahrungen, deren Mauern er nicht durchdringen kann. Die einzige ontologische Wirklichkeit, die er hat, ist er selbst, seine eigenen Bewusstseinszustände, die seine Erfahrungswelt konstruieren. Und es gibt keinen Grund, so der Hardcore-Subjektivist als ontologischer Solipsist (lat. *solus*, »allein«, und *ipse*, »selbst«), die Existenz von etwas zu behaupten, von dem man nichts wissen kann.

Was epistemologisch und methodologisch durchaus vertretbar scheint, erweist sich im ontologisch gedachten Solipsismus jedoch als unheildrohende Sackgasse. Denn darin wird die Singularität in den Status der *einzigen* ontologischen Wirklichkeit erhoben. Im *ontologischen Solipsismus* gibt es nur Einen: eine einzige Entität, pure Singularität, in der die Welt und der Beobachter in eins zusammenfallen. Damit sind aber auch all die Figuren, die sich in der Welt des einsamen Beobachters herumtummeln, nicht wirklich *wirklich,* sondern bloß Traumfiguren, Illusionen und Chimären seines Gehirns. Die Welt ist dann der Traum des einsamen Players, der dieses Spiel – die Welt – alleine mit sich selbst spielt.

Die Frage, die sich dem Beobachter inside the box stellt, ist: Wie wirklich ist die Wirklichkeit outside the box *wirklich?* Damit ist er vor allem aufgefordert, die Grundsatzfrage, ob er den anderen *outside the box* dieselbe ontologische Existenz zuschreibt wie sich selbst *inside the box,* mit all ihren ethischen Implikationen zu entscheiden.

Getrennt *und* verbunden

In Bezug auf die Ethik führt eine einseitige Argumentation der Geschlossenheit des Beobachtersinns ein subjektives, egozentrisches Selbst- und Weltbild und damit auf solipsistische und vulgärkonstruktivistische Irrwege – nach dem Motto: anything goes. Die Welt wird willkürlich und beliebig, ausschließlich nach Maßgabe eigener Absichten und Ziele, Interessen, Bedürfnisse, Präferenzen, aber auch Befürchtungen und Ängste, interpretiert, gedeutet und hergestellt.

Nun ist die operationale Geschlossenheit des Nervensystems aber nur »eine Seite der Medaille«. Mit Luhmann ist Geschlossenheit die Bedingung der Möglichkeit für Offenheit. Der operationalen Geschlossenheit steht die kognitive Öffnung gegenüber. Kognitive Offenheit unter Bedingungen der operationalen Geschlossenheit bedeutet, dass das System alles aus seiner Umwelt nur in seiner eigenen Begrifflichkeit und Eigenlogik aufgreifen, begreifen und erfassen kann. Damit sind Systeme zwar nicht steuerbar, nicht instruierbar, aber ohne Anlässe in der Umwelt würde die Selbstorganisation des Systems völlig leerlaufen und hätte keinerlei Grund, sich selbst zu organisieren, eigene Strukturen neu zu verknüpfen oder neu zu bilden, kurz: zu lernen und im Fluss der Zeit (über)lebensfähig zu bleiben (vgl. Shortcut 7). Eine vollkommene Isolierung und Abschirmung von seiner Umwelt würde auch das Ende des Systems bedeuten. Systeme sind daher *sowohl* autonom *als auch* abhängig von ihrer Umwelt.

Der Beobachter inside the box ist aufgrund der Gleichzeitigkeit seiner Geschlossenheit und Offenheit *sowohl* von der Welt getrennt *als auch* mit der Welt – outside the box – verbunden.

Jede Grenze trennt, wie sie verbindet. Wäre der Beobachter getrennt, ohne verbunden zu sein, würde seine Autonomie zu Isolation und Autismus führen, wäre er verbunden, ohne zugleich getrennt zu sein, würde er mit seiner Umwelt zusammenfließen.

Shortcut 7: Lernen und Entwicklung durch strukturelle Veränderung

Prozesse bilden Strukturen und Strukturen ermöglichen Prozesse. Während die Autopoiesis als Prozess kontinuierlich im Fluss der Zeit läuft, verkörpern Strukturen das je aktualisierte Organisationsmuster, eine bestimmte Konfiguration, vorstellbar als ein räumliches Schema im Hier und Jetzt. Strukturen gibt es nur in dem Moment, in dem sie auch benutzt werden. Sie stellen eine Momentaufnahme innerhalb eines Kontinuums (Autopoiesis) dar, zeigen den zu einem bestimmten Zeitpunkt aktualisierten Zustand des Systems und stellen die Bedingungen für anschlussfähige Operationen her. In diesem Sinne öffnen und begrenzen Strukturen die Möglichkeitsräume des Systems. Was an Struktur wiederverwendet oder abgeändert oder auch nicht mehr verwendet, also gelernt und verlernt wird, entscheidet sich in der Auseinandersetzung des Systemprozesses mit seiner Umwelt.

Die Form der Verbindung und Beziehung, die aufgrund der kognitiven Öffnung zwischen Systemen entsteht, bezeichnet man ganz allgemein als »strukturelle Kopplung«. Systeme sind in ihrer Umwelt stets auf andere Systeme gleicher und unterschiedlicher Art bezogen – nicht wahllos und willkürlich, sondern auf eine hoch spezialisierte und stets selektive Art und Weise. Die strukturelle Kopplung erklärt, warum selbstreferenzielle (autopoietische) Systeme aufeinander abgestimmte Entwicklungen (strukturelle Veränderungen) zeigen. Systeme koexistieren und koevoluieren, sie brauchen einander, denn sie können sich nur aneinander und miteinander verschränkt entwickeln und verändern. Dabei »kommt es nie zu einer Vermischung der Autopoiesis der Systeme und doch zu einem hohen Maß an Co-Evolution und eingespielter Reagibilität« (Luhmann, 1998b, S. 30).

Einheit *und* Anderheit

Being mirrored involves a message about oneself.
Andrew Meltzoff

Die Grundlage jeder am Leben orientierten Koexistenz und Koevolution und damit biologische Wurzel der Ethik findet Maturana in der strukturellen Kopplung von Systemen durch, wie er es nennt, »Liebe«. Um überleben zu können, bedarf es der »Kopplung von Systemen durch Liebe, weil unsere Biologie die Biologie von Tieren ist, die Liebe brauchen, das heißt, die nahes Zusammenleben in gegenseitiger Annahme brauchen […]. Wir menschlichen Wesen haben die Fähigkeit, in Liebe zu leben, wenn wir in Liebe aufwachsen, und wir müssen in Liebe leben, um physiologisch und geistig gesund zu bleiben« (Maturana u. Verden-Zöller, 1997, S. 96).

Ob man es nun Liebe oder Resonanz (lat. *resonare,* »widerhallen«), kognitive und emotionale Stimmigkeit, Empathie oder S-Identity wie Victor Gallese nennt, man findet dieses Prinzip, dem das Leben bereits auf der untersten Stufe folgt, in der gesamten belebten Natur. Es ist auch dasselbe Prinzip, das es möglich machte, dass aus einer Gruppe anorganischer Moleküle überhaupt ein lebendes System entstehen konnte. Oder, wie es die Schriftstellerin Clarice Lispector formuliert: »Alles in der Welt begann mit einem JA. Ein Molekül sagte JA zu einem anderen Molekül, und das Leben begann« (Lispector, zit. n. Horx Zukunftsinstitut, 2010). Resonanz entspricht einem biologischen »Ja« und Grundbedürfnis des Menschen. »Bei anderen Resonanz zu finden, anderen selbst Resonanz zu geben und zu sehen, dass sie ihnen etwas bedeutet, ist ein biologisches Grundbedürfnis – jedenfalls lässt sich das für höhere Lebewesen nachweisen. Unser Gehirn ist […] neurobiologisch auf gute soziale Beziehungen geeicht« (Bauer, J., 2006a, S. 169).

Die neurobiologische Grundlage der sozialen Resonanzfähigkeit stellt das Phänomen der Spiegelneuronen dar, das besagt, dass das Gehirn den Zustand und das Empfinden seines Gegenübers spiegelt, indem es dasselbe neurobiologische Programm aktiviert (vgl. Shortcut 8, S. 61). Spiegelzellen stellen, so Joachim Bauer, das neurobiologische Korrelat für intuitives Verstehen und Empathie dar (Bauer, J., 2006b). »Empathie ist in der Architektur unseres Gehirns tief verankert. Was mit anderen geschieht, wirkt sich auf fast alle Regionen unseres Gehirns aus. Wir sind von unseren Anlagen dazu bestimmt, uns empathisch zu verhalten, die Verbindung zu anderen zu suchen« (Keysers, 2013, S. 7).

Das menschliche Gehirn sucht die Verbindung zu anderen, weil es in seinen Entwicklungsmöglichkeiten hochgradig von solchen Verbindungen abhängig ist. Denn wer ohne die Gelegenheit, sich im anderen zu spiegeln, aufwächst, kann auch kein Bewusstsein seiner selbst entwickeln. Um für sich selbst überhaupt als eine Einheit, als ein Ich oder Ego greifbar und erreichbar zu sein, bedarf es eines Gegenübers outside the box, einer Anderheit: »Man bildet das eigene Selbst in genau dem Maße aus, in dem andere Menschen bereits ein solches Ich oder Selbst ausgebildet haben« (Varela, 2002, S. 129).

Das Ich als singuläre *Einheit* braucht das Du, eine konkrete *Anderheit* (eine andere singuläre Einheit), um sich in ihr als einem offensichtlichen Teil der Welt spiegeln und damit sich selbst als manifester Teil der Welt begreifen zu können –, und um schließlich als ein solcher anerkannt zu werden. Oder mit Hegel: »Das Selbstbewußtseyn ist an und für sich, indem, und dadurch, dass es für ein anderes an und für sich ist; d. h. es ist nur als Anerkanntes« (Hegel, 1807/1986, S. 109). Hier liegt der Ursprung des menschlichen Verlangens nach Anerkanntwerden, des Bedürfnisses, von einem anderen gesehen zu werden, denn es ist existenzieller Natur.

Da der Beobachter seine eigene Wirklichkeit und autonome Existenz (als Einheit) – also sich selbst – nur über den anderen (die Anderheit) konstituieren kann, würde er mit dessen Negation zugleich auch sich selbst aus der Wirklichkeit herauskürzen – womit sich aber auch die ganze Wirklichkeit auflöst »und die Alpträume beginnen«, wie Heinz von Foerster anmerkt. In dem Moment jedoch, so von Foerster (in: Pörksen, 2002, S. 28), »in dem ich die Existenz des anderen und mein eigenes Vorhandensein postuliere, lebe ich in einer Beziehung und Gemeinschaft, es entsteht Beteiligung; man wird plötzlich zum Mitleidenden, dem es nicht mehr möglich ist, durch die Referenzen auf eine externe Realität eine Ausrede für die eigene Gleichgültigkeit zu finden.«

Shortcut 8: Spiegelneuronen

Wir zucken zusammen, wenn wir beobachten, wie sich jemand eine schlimme Beule schlägt. Wir gähnen, wenn andere gähnen. Aktionen und Emotionen erweisen sich als »ansteckend«. Ein »unsichtbares Band gemeinsamer Schaltkreise«, so Keysers in einem ORF-Interview, »schließt unsere Empfindungen und Gefühle zusammen und schafft ein organisches System, das über das Individuum hinausreicht.«[3] Ermöglicht wird dies durch Spiegelzellen oder Spiegelneuronen.

Spiegelzellen, die erstmals 1992 von Neurophysiologen um Giacomo Rizzolatti an der Universität Parma beobachtet wurden, lassen sich mit Methoden der funktionellen Kernspintomografie nachweisen. Bestimmte Zellen im Gehirn (Handlungsneurone) werden nicht nur dann aktiv, wenn wir selbst handeln – indem wir beispielsweise nach etwas greifen –, sondern auch dann, wenn wir beobachten, wie ein anderer diese Handlung ausführt. Wenn ein anderer nach etwas greift, aktiviert unser Gehirn dasselbe neurobiologische Programm, es feuern die gleichen Nervenzellen, so, als ob wir selbst zugriffen. »Wenn Sie sich ein Stück Schokolade nehmen und es essen, wird ein bestimmtes Netz von Gehirnzellen aktiviert – nennen wir es das ›Iss-die-Schokolade-Netz‹. Der Anblick von Leuten, die Schokolade essen, löst in uns ein Gefühl aus, das uns sagt, wie es wäre, das Gleiche zu tun«, so Keysers im Interview.

Nicht nur Schokolade, jede Freude, jeder Schmerz eines anderen wird im Gehirn eines Beobachters zur eigenen Freude, zum eigenen Schmerz. Das Gehirn verhält sich so, als sei es selbst betroffen (dass das Gehirn trotzdem einen Unterschied zwischen sich selbst

3 Unser empathisches Gehirn. Warum wir verstehen, was andere fühlen. Zugriff am 15.04.2016 unter http://oe1.orf.at/artikel/354207.

und dem anderen macht, ist eine Frage der Quantität und der Aktivierung einer Reihe anderer Neuronen sowie der Differenz von rechter und linker Gehirnhälfte zuzuschreiben). Der »gemeinsame Pool von körperbezogenen Handlungsvorstellungen ist die Voraussetzung dafür, dass wir uns gegenseitig intuitiv als Menschen unter Menschen erleben und dass wir unsere Handlungen, Ziele und Empfindungen intuitiv, das heißt vor jedem intellektuell-analytischen Nachdenken, verstehen können. Sobald ein anderer Mensch in unsere Wahrnehmung tritt, spielt er in unserem Gehirn auf dieser Klaviatur« (Bauer, J., 2006a, S. 63). Spiegelzellen erklären, wie es möglich ist, sich in andere hineinversetzen zu können, andere intuitiv zu verstehen, ihre Absichten und Befindlichkeiten zu erahnen und mit ihnen mitzufühlen. Sie sind daher Grundlage der Empathie.

Einheit/Anderheit *und* Einheit/Vielheit

Die Grundmatrix der menschlichen Existenz – Grundelemente oder »Grundworte« ihrer Wirklichkeit – sind mit Martin Buber nicht »Einzelworte«, sondern Wortpaare wie das »Ich–Du« (vgl. Buber, 2001, S. 7). Ich *und* Du, Ego als Einheit und Alter als Anderheit, können ihren Status ontologischer Wirklichkeit nur in wechselseitiger Anerkennung und Bestätigung gewinnen: »Ein bestimmtes Bewusstsein setzt sich durch Bezugnahme auf sich selbst als Ego – vor der Folie der Voraussetzung, dass es außer ihm noch ein anderes wahrnehmbares Ego, nämlich Alter, gibt, das Ego wiederum als Voraussetzung seiner eigenen Ego-Setzung setzt« (Schmidt, 2005, S. 58 f.).

Die Bedingung der Möglichkeit, dass die wechselseitig generative Bezugnahme von Ego und Alter auch gelingen kann, ist ihre Koexistenz in einem Wir (einem sozialen System), das die Ressource zu dieser Vermittlung bereitstellt – nämlich Sprache. Gibt es kein Wir, gibt es auch kein Ich und kein Du. Aber auch die Einheit der Differenz – das *Wir* – gibt es nur, wenn es die Differenz gibt: So wie die beiden Seiten einer Münze (Ich und Du) nicht ohne die Münze (Wir) und die Münze nicht ohne ihre beiden Seiten denkbar ist. Das Ich, das Du und das Wir müssen daher als gleichursprünglich gedacht werden. Die systemische Ethik setzt die Münze, das Wir, an den

Ausgangspunkt ihrer Theorie und beobachtet dabei die Differenz Einheit/Anderheit, indem sie, metaphorisch gesprochen, die Münze hin und her wendet. Die Münze als solche wird dabei als Einheit der Differenz Einheit/Anderheit erkennbar.

Die Einheit der Differenz Einheit/Anderheit als ein Wir bilden zu können, sich also aufeinander beziehen zu können, bedeutet für menschliche Individuen, eine gemeinsame Sprache anzuwenden und zu benutzen. Ich, Du und Wir sind über Sprache verbunden. Bewusstsein und Kommunikation sind die Folgen dieser speziellen Vermittlung durch Sprache. Wobei die Kommunikation »ähnlich wie Leben oder Bewusstsein eine emergente Realität, ein Sachverhalt sui generis ist« (Luhmann, 1998b, S. 21) (vgl. Shortcut 9, S. 64).

Die Tatsache der Kommunikation, das Soziale, verweist auf die zweite Zentraldifferenz neben Einheit/Anderheit, nämlich *Einheit/Vielheit*. Schon damit Sprache sich entwickeln und funktionieren kann, muss es eine *Vielheit* von Einheiten geben, die füreinander Anderheiten sind, die sich an Kommunikation beteiligen. Das singuläre individuelle Gehirn ist auf das Soziale, die Zusammenarbeit mit anderen, angewiesen und funktioniert deshalb nur als Teil einer Vielheit. »Ebenso wenig wie ein Gehirn ohne den jeweiligen Körper, der dazugehört, denkbar ist und funktionieren kann, ist das menschliche Gehirn im Singular, also ohne die Beziehung zu anderen Menschen, denkbar. Denn das Gehirn, das jeder einzelne Mensch in seinem Kopf umherträgt, hat sich ja erst anhand der von ihm mit anderen Menschen gemachten Erfahrungen strukturiert. Unser Gehirn ist also ein soziales Konstrukt, individuell einzigartig, aber geformt durch unsere jeweiligen in der Beziehung zu anderen Menschen gemachten Erfahrungen« (Hüther, 2015, S. 35).

Theorietechnisch lösen wir das Einhirnproblem durch Entparadoxierung der Selbstbezüglichkeit, indem wir der Einheit (Singularität) eine Vielheit gegenüberstellen. Um also nicht als einzelnes individuelles Gehirn, das freilich existenziell für sich selbst Singularität ist, in der Paradoxie seiner Selbstbezüglichkeit gefangen zu bleiben, hat Luhmann die Entparadoxierung des Selbstbezugs über die Differenz Einheit/Vielheit beschrieben. Luhmann erzählt als Beispiel eine Anekdote aus seinem Leben: In seinem Hotelzimmer funktioniert das Telefon nicht. Auf dem Telefon klebt ein Zettel, auf dem steht: »If it doesn't work, please call number 11.« Man braucht also mehrere Telefone, konkret ein zweites Telefon, um jemandem an einem dritten Telefon über den Zustand des ersten Telefons berichten zu können. Und das wiederum setzt ein Telefonsystem voraus.

Das Beispiel diene als Metapher für das einzelne singuläre Gehirn, das zwar nicht kaputt ist wie Luhmanns Telefon, das aber von Beginn seines Lebens auf ein »Telefonsystem«, auf das Soziale, angewiesen ist, um sich überhaupt konstituieren und entwickeln zu können. Es sind immer konkrete Andere, die den Einzelnen mit der Vielheit verbinden. Denn jede konkrete Anderheit ist notwendig immer Teil einer Vielheit. Die Differenzen Einheit/Anderheit und Einheit/Vielheit ermöglichen einander. Nur durch Vermittlung der Anderheit wird die Einheit Teil ihrer eigenen Vielheit (Menschheit). Und nur als Teil der Vielheit kann sich die Einheit auf Anderheiten beziehen.

Shortcut 9: Kommunikation

Kommunikationen sind die kleinsten Einheiten jedes sozialen Systems. Solange Anschlusskommunikationen erfolgen, bleibt ein soziales System erhalten (vgl. Shortcut 5: Autopoiesis, S. 40).

- Eine Kommunikation ist nach Luhmann die Einheit aus drei Selektionen: Information, Mitteilung und Verstehen. Voraussetzung für die Kommunikation sind ein Sprecher (Ego) und ein Hörer (Alter Ego), also zwei Bewusstseinssysteme, die im Medium der Sprache Information prozessieren. Der Sprecher muss zunächst eine Wahl darüber treffen, welche Inhalte er mitteilen möchte (erste Selektion), und er muss eine Wahl darüber treffen, wie er diese Inhalte mitteilen möchte (zweite Selektion). Die Mitteilung wiederum muss vom Hörer verstanden/nicht verstanden und angenommen/abgelehnt werden (dritte Selektion). Die Bedeutung der Mitteilung legt daher der Hörer fest: »Der Hörer, nicht der Sprecher, bestimmt die Bedeutung einer Mitteilung« (von Foerster u. Pörksen, 2004, S. 100).
- Dass Kommunikation überhaupt zustande kommt, ist nach Luhmann zunächst jedoch als unwahrscheinlich einzustufen. Die Möglichkeit, die Unwahrscheinlichkeit der Kommunikation

in Wahrscheinlichkeit zu transformieren beziehungsweise die Unwahrscheinlichkeit der Kommunikation zu reduzieren, bieten die Medien.

- Die Basis bildet das Universalmedium Sprache, das Kommunikation als solche nicht nur wahrscheinlich, sondern überhaupt erst möglich macht. Verbreitungsmedien (Massenmedien) steigern die Anzahl möglicher Adressaten und symbolisch generalisierte Kommunikationsmedien stabilisieren den Erfolg der Kommunikation. Die symbolisch generalisierten Kommunikationsmedien (wie beispielsweise Macht, Geld, Liebe, religiöser Glaube, Kunst, Wahrheit im wissenschaftlichen Sinn) »transformieren auf wunderbare Weise Nein-Wahrscheinlichkeiten in Ja-Wahrscheinlichkeiten« (Luhmann, 1998a, S. 320). Sie werden auch Erfolgsmedien genannt, weil sie zur Annahme einer Kommunikation *motivieren* und damit den Erfolg der Kommunikation, also Anschlusskommunikation, auch erwartbar machen. »Die erfolgreichste/folgenreichste Kommunikation wird in der heutigen Gesellschaft über solche Kommunikationsmedien abgewickelt, und entsprechend werden die Chancen zur Bildung sozialer Systeme auf die entsprechenden Funktionen hindirigiert« (Luhmann, 1984, S. 222). Symbolisch generalisierte Kommunikationsmedien motivieren und orientieren nicht nur die Teilnahme der Individuen an der Kommunikation der Funktionssysteme, sondern bestimmen auch den Code, die typische Unterscheidung, die ein soziales System nutzt (prozessiert), um sich selbst zu verwirklichen. Geld ermöglicht die Teilnahme der Individuen am Wirtschaftssystem, das mit der Unterscheidung Zahlung/Nichtzahlung operiert. Vergleicht man es mit vormodernen Tauschgesellschaften, steigert Geld die Wahrscheinlichkeit, dass ein »Geschäft« zustande kommt, enorm. Denn buchstäblich alles wird beliebig mit allem tauschbar. Recht, das mit dem Code recht/unrecht unterscheidet, regelt die Teilnahme am Rechtssystem in Form von Gesetzen. Liebe motiviert Menschen, ihr Leben miteinander zu verbringen, und konsolidiert Intimbeziehungen durch die Unterscheidung geliebt werden/nicht geliebt werden. Familiensysteme funktionieren durch die Unterscheidung dazugehören (Familienmitglied)/nicht dazugehören (nicht Familienmitglied).

Reflexion 5: Interaktion und Kommunikation

Niklas Luhmann unterscheidet Interaktion von Kommunikation, indem er Interaktion als Kommunikation unter Anwesenden (am selben Ort und zur selben Zeit) definiert. Ist mit dem Internet die Differentsetzung von Interaktion und Kommunikation aber nicht längst überwunden? Es könnten schließlich alle im globalen Raum zugleich (in Echtzeit) anwesend sein.

Das differenzlose Wir

Sehen Sie, aus einem bestimmten Blickwinkel betrachtet, hat in dieser Welt alles mit allem zu tun.
Umberto Eco

Die Hypothese, als eine Einheit Teil der Welt zu sein, ist also gültig, weil *wir* (Vielheit) Teil der Welt sind. Die Welt ist kein einsamer, sondern ein gemeinsamer Ort, an dem wir *alle* zu Hause sind. Wenn aber von *allen* die Rede ist, dann darf das *Wir* auch niemanden (mehr) ausschließen – die Vielheit wird zur »*Allheit*«. Was den Menschen zum Menschen macht – oder machen will –, zeigt sich in der Herausforderung, die es für ihn bedeutet, sein Wir, das sich biologisch-evolutionär auf die Größe einer (Affen-)Horde beschränkt hatte, immer weiter auszudehnen, bis es schließlich zu einem *globalen Wir* geworden sein wird. Die neue Herausforderung dabei ist, dass diesem globalen Wir kein fremdes Wir – kein *Sie (die Anderen)* – mehr gegenübersteht, an dem es in negativer Abgrenzung die eigene Identität bestimmen könnte. Es sei denn, Außerirdische aus fernen Galaxien – Vulkanier, Borgs oder Klingonen – werden zu neuen »Anderen«, »Außenseitern«, »Außenfeinden« – oder aber auch zu »Außenfreunden«. Denn werden wir nicht denselben Prozess der Wir-Ausdehnung auch auf einer universalen Ebene vollziehen müssen, um die Vulkanier, die Borgs und die Klingonen in ein universales Wir einzuschließen?

Die Einsicht, dass *wir* alle Teile der Welt – oder gar des Universums – sind, führt – gegen solipsistische Fiktionen – zur Annahme eines Omnipsismus (lat. *omnes,* »alle«, und *ipse,* »selbst«), zur Idee, so Heinz von Foerster (2003, S. 29), »dass das sich die Welt vorstellende Subjekt nur mit allen anderen Subjekten eine Wirklichkeit erzeugt. Wir existieren durch uns alle!« Wir alle *sind* die Welt – in konstruktivistischem Sinn reproduziert sich die Welt aus all ihren Teilen.

Der Beobachter inside the box findet sich im geschlossenen Netzwerk struktureller Kopplungen an andere Beobachter outside the box gekoppelt. Auch die Differenz System/Umwelt, die Frage, was jeweils System und was Umwelt ist, erweist sich als beobachterrelativ. Es gibt *nur* Systeme, die füreinander Umwelt(en) sind und zusammen ein geschlossenes Gesamtsystem bilden. Dieses geschlossene Ganze erinnert an James Lovelocks *Gaia-Hypothese* (vgl. Lovelock, 1991), die unseren Planeten als *eine* Wesenheit beschreibt. Alles ist mit allem verbunden, wobei Lovelock auch die unbelebte Natur miteinschließt. Nur scheinbar ist bei Lovelock der Aspekt der Verbindung überbetont. Denn was jeweils Trennung oder Verbindung ist, ist wieder beobachterrelativ. Und für den Beobachter eines Ganzen gelten die inneren Grenzen dieses Ganzen immer als Verbindung seiner Teile. Grenzen trennen zwar, aber sie verbinden auch.

Hier schließt sich auch der Kreis zum Konstruktivismus und zur Frage der Wirklichkeit (vgl. das Kapitel »Realität und Wirklichkeit: eine Differenz, die Sinn macht«, S. 48): Indem sie einander beobachten beziehungsweise beim Beobachten beobachten, halten die Teile der Welt die Wirklichkeit am Laufen und geben diesem Lauf vermittels ihrer Motive und Absichten eine Richtung. Die Welt ist das Produkt des Zusammenwirkens und Aufeinander-Einwirkens der an der Welt beteiligten Beobachter. Sie ist aber nicht so etwas wie der kleinste gemeinsame Nenner aller Beobachterperspektiven oder vielleicht deren Durchschnittswert, sondern etwas Eigenes, eine Emergenz aus der Interaktion aller Perspektiven aller an der Welt Beteiligten.

Das Problem der Beobachterrelativität jeglicher Wirklichkeit muss dabei in der (heute globalen) Kommunikation überwunden werden, indem die vielen Perspektiven zusammengeführt und in einer globalen Perspektive vereint werden. Die Wirklichkeit kann und muss dazu (kommunikativ) neu erfunden und reorganisiert werden. Utopien und Visionen dienen hier als Katalysatoren (vgl. das Kapitel »Erfinden der Zukunft«, S. 158).

Gewirkt – konstruiert – wird die Wirklichkeit durch das Netzwerk der Kopplungen von Bewusstseins- und Kommunikationssystemen (vgl. Shortcut 10) im Medium Sinn, das bereits als das *Medium der menschlichen Wirklichkeit* eingeführt wurde. Die strukturelle Kopplung und Koevolution von Bewusstseins- und Kommunikationssystemen hat, so Luhmann (1984, S. 92), »zu einer gemeinsamen Errungenschaft geführt, die sowohl von psychischen als auch von sozialen Systemen benutzt wird. Beide Systemarten sind auf sie angewiesen, und für beide sind sie bindend als unerläßliche, unabweisbare Form der Komplexität und ihrer Selbstreferenz. Wir nennen diese evolutionäre Errungenschaft ›Sinn‹.« Sinn bildet den Klebstoff zwischen Bewusstsein und Kommunikation. Sinn verbindet und Sinn schafft Wirklichkeit.

Die Wirklichkeit ihrerseits wirkt, indem sich ihr Sinn kommunikativ bestätigt und bewährt – oder aber enttäuscht, irritiert oder verneint wird, um neue Perspektiven einzuführen und neuen Sinn zu schaffen. Was hier deutlich wird, ist der grundsätzliche Konstruktionscharakter der Wirklichkeit, die sich durch Plastizität und Gestaltbarkeit, durch ihre prinzipielle Kontingenz auszeichnet. »Kontingent ist etwas, was weder notwendig ist noch unmöglich ist; was also so, wie es ist (war, sein wird), sein kann, aber auch anders möglich ist« (Luhmann, 1984, S. 152).

Diese Einsichten in den konstruktiven Charakter der Wirklichkeit weisen heute auf die Möglichkeiten, also auf Chancen und Gefahren des Einfließens bewusster – und als solche auch kommunizierter – menschlicher Absichten in den Verlauf unserer planetaren Evolution hin. Und das wiederum impliziert die Notwendigkeit menschlicher Übernahme von Verantwortung für das eigene planetare Schicksal.

Shortcut 10: Die strukturelle Kopplung von Bewusstsein und Kommunikation

Bewusstsein und Kommunikation sind hochgradig voneinander abhängig und nur aus ihrem Zusammenwirken und im Verhältnis gegenseitiger Steigerung erklärbar.

Mit Luhmann sind psychische (oder Bewusstseinssysteme) und soziale Systeme (oder Kommunikationssysteme) notwendige Bedingung der jeweils anderen. »Bewusstsein (wird) zur Reproduktion von Kommunikation in Anspruch genommen und zugleich Kommunikation zur Reproduktion von Bewusstsein, ohne dass beides verschmolzen wird« (Luhmann, 1984, S. 315).

Ein soziales System kann zwar nicht denken und ein psychisches System nicht kommunizieren. Aber ohne Bewusstsein fehlt der Kommunikation der Kontakt zur Welt, und ohne Kommunikation kann Bewusstsein seine Wahrnehmungen nicht sinnvoll einordnen. Bewusstsein kann nicht ohne Kommunikation, Kommunikation nicht ohne Bewusstsein bestehen. Die Kommunikation ist vom Handeln und Erleben der Kommunikationspartner (Mitteilungs- und Verstehenshandlung) genauso abhängig wie das Handeln und Erleben der Beteiligten von der Kommunikation.

Die strukturelle Kopplung von Bewusstsein und Kommunikation erfolgt im Medium der Sprache, in der Sinn konstruiert und formuliert werden kann, sodass dieser denk- und kommunizierbar wird – und damit psychische und soziale Wirklichkeit konstruiert und rekonstruiert.

Knoten im Netz gemeinsamer Steigerung

Wenn sich die Medien ändern,
ändert sich die Welt.
Ramita G. Blume

In ihrem konstruktivistischen *Sinn* erfüllt die systemische Ethik eine Schlüsselfunktion im Kontext einer bewussten Evolution von Individuum *und* Gesellschaft – und zwar auf Basis der zentralen soziologischen Einsicht in die Relation von Individuum und Gesellschaft, die als *gegenseitiges Steigerungsverhältnis* beschrieben wird. Diese Idee nimmt bei Durkheim ihren Ausgang, wird von Parsons aufgenommen und findet mit Luhmann ihre fundierteste theoretische Ausformung. Als Konkurrenztheorie dazu findet sich in einer Linie von Weber, Horkheimer/Adorno und Foucault eine Summenformel (vgl. Schroer, 2001, S. 263), die davon ausgeht, dass Macht und Herrschaft immer in gleicher Menge gegeben sind und daher eine Steigerung auf der einen Seite den entsprechenden Verlust auf der anderen bedeuten muss. Je mehr Macht auf der Seite der Gesellschaft, desto weniger auf der Seite der Individuen und umgekehrt. Individuum und Gesellschaft befinden sich hier in einer Konkurrenz- und Kampfsituation, während Luhmann im Blick auf die prinzipiell gegenseitige Ermöglichung der beiden Systemarten ihre nur gemeinsam mögliche jeweilige Entwicklung aneinander erkennt und in den Mittelpunkt seiner theoretischen Überlegungen stellt.

Evolutionär-historisch befindet sich die Menschheit mit ihrer dynamischen Relation von Individuum und Gesellschaft in einer völlig neuen Situation. Durch die Medienevolution ist heute der Einzelne nicht mehr nur durch die Anderheit an die Vielheit gekoppelt, sondern erstmals auch direkt und unmittelbar mit der Vielheit kommunikativ verbunden. Das Internet ermöglicht durch die direkte Ankopplung des Einzelnen an die globale Vielheit, dass die Relation Einheit/Vielheit gleich mächtig neben der Relation Einheit/Anderheit steht. In der Kybernetik der strukturellen Kopplung von Bewusstsein und Kommunikation im Medium elektronischer Kommunikation platziert sich das Individuum als psychisches System gleichberechtigt neben dem sozialen System.

Mit Dirk Baecker (2007) ist die Strukturform der nächsten Gesellschaft, die schon begonnen hat, nicht mehr die funktionale Differenzierung, sondern das Netzwerk. Die Differenz *Netz/Knoten* steht analog zur Differenz *Individuum/Gesellschaft* in einem gegenseitigen Steigerungsverhältnis mit der Implikation der Entwicklung von entsprechender Kompetenz, der 2nd-Order-Kompetenz (vgl. das Kapitel »2nd-Order-Kompetenz als neue Lebenskunst«, S. 103).

Mit den elektronischen Medien wird der Einzelne zum Knoten im globalen Netz. Ein Knoten im Netz zeichnet sich dadurch aus, dass er sich mit anderen Knoten verbinden kann. Die Individuen, die elementaren Knoten im Netz, sind entsprechend der Netzwerktheorie grundsätzlich lose miteinander gekoppelt. Aus diesem (unverbindlichen) Zusammenhang heraus organisieren sich Individuen per Abmachungen zu Handlungseinheiten und bilden auf diese Weise Organisationen (vgl. Kropfberger, 2015, S. 180). Und Organisationen sind selbst Netzwerke, die im globalen Netz als Knoten wirken und adressierbar sind.

Potenziell ist im Netz jeder für jeden erreichbar, alle Knoten sind zumindest indirekt mit allen anderen verbunden und landen über diese Verbindungen schließlich wieder bei sich selbst. Die Milgram-These »Six degrees of separation« besagt, dass die ganze Menschheit über nur jeweils sechs Kontaktschritte miteinander in Beziehung steht. Damit steigt die Wahrscheinlichkeit, direkt Einfluss auf die (globale) Kommunikation zu nehmen und Impulse für soziale Veränderungen zu setzen. Wer innovative Konzepte und Ideen hat, kann diese binnen kürzester Zeit über Netzwerke global verbreiten und vermag damit sogar ganze Revolutionen auszulösen, die weder einem zentralen Führer noch einer Ideologie folgen und deren Antreiber Netzwerkaktivisten sind. Die Herausforderung, die sich heute stellt, ist, die Idee des Mit*wirkens* am Finden und Erfinden einer positiven Vision der Menschheit über dieses Medium starkzumachen (vgl. das Kapitel »Erfinden der Zukunft«, S. 158).

Absicht des Gemeinsamen

Es ist eine Frage des Motivs und der Absicht, *was* der Beobachter *wie* beobachtet, worauf er seinen Fokus richtet und welche Bezeichnungen er wählt, warum er also so und nicht anders unterscheidet. Motive und Absichten sind sinngesteuert. Alles ist eine Frage des Sinns.

Mit Spencer-Brown steht am Anfang das Verlangen zu unterscheiden – dem sei hinzugefügt: ein Verlangen nach Sinn. Der Beobachter ist per se ein intentionales Wesen. Er kann *nur* beobachten – und sonst gar nichts.

Dieser intentionale Zustand – das Verlangen nach Sinn – des Beobachters zeichnet sich durch zwei Aspekte aus: durch seinen kognitiven Modus, die Art und Weise, *wie* er sich auf etwas bezieht, und durch seine Gerichtetheit auf *etwas,* ein Objekt.

Ausschlaggebend für den kognitiven Modus der individuellen Intentionalität oder *Ich-Absichten* eines menschlichen Beobachters sind Sinnes- und Körperempfindungen, kognitive Prozesse (wie Bewertungen, Vorstellungen, Erwartungen), Denkweisen, Überzeugungen und Gedanken, rationale Erwägungen genauso wie emotionale und motivationale Aspekte. Unsere Wünsche, Hoffnungen, Befürchtungen oder Erwartungen motivieren unsere Absichten, können sie aktivieren, aber auch lähmen. Es ist ein Unterschied, ob jemand etwas wünscht, hofft oder befürchtet, überzeugt von etwas ist oder bezweifelt, dass es sich realisieren wird oder lässt.

Die Gerichtetheit der Intentionalität bezieht sich stets auf etwas Bestimmtes, ein Objekt – einen soliden oder imaginären Gegenstand, Inhalt oder Sachverhalt –, das entweder ist (Gegenwart), war (Vergangenheit) oder das sein soll oder sein wird (Zukunft) und das für den Beobachter einen Wert darstellt, eine Bedeutung hat, also Sinn macht.

Die Gesamtheit der Beweggründe für ein bestimmtes Handeln (Unterscheiden) bündelt sich, wie im Vorangegangenen gezeigt (vgl. das Kapitel »Beobachter beobachten, ein Kalkül«, S. 42), in Spencer-Browns Theoriestelle der Grenze oder Grenzziehung, abstrahiert im Zeichen Cross. Die Gerichtetheit der Intentionalität, die im Zeichen Cross zum Ausdruck kommt, sei, wie Abbildung 5 zeigt, in einem bildhaften Vergleich durch den ausgestreckten Zeigefinger symbolisiert, in der Aufforderung, der Zeigegeste Folge zu leisten (Operation des Kreuzens) und seine Aufmerksamkeit auf das zu richten, worauf der Finger eben zeigt.

Abbildung 5: Cross als Zeigegeste

Die Fähigkeit, die Differenz Zeichen/Bezeichnetes (ausgestreckter Zeigefinger/das, worauf der Finger zeigt) und Zeichen/Bezeichner (Cross/Beobachter) verstehen und gebrauchen zu können, unterscheidet Menschen von Tieren. Dies konnte vor allem durch entwicklungspsychologische Forschungsergebnisse über das Zeigeverhalten von Kindern im Unterschied zu Primaten nachgewiesen und empirisch belegt werden. »Kein Tier kann ›hinzeigen‹, und kein Tier kann die Intention und Funktion des Zeigens erfassen« (Kraft, 2007,

S. 144). Primaten können zwar selbst die Zeigegeste anwenden, um auf etwas imperativ – also verlangend, auffordernd – zu deuten. Was sie aber nicht können, ist das sogenannte »deklarative« Zeigen, dessen Ziel es ist, eine »joint attention« herzustellen, um die Wahrnehmung eines interessanten Objekts oder Ereignisses mit anderen zu teilen. Die Absicht oder das Motiv des Teilen-Wollens bindet sich an ein bestimmtes Objekt. Denn geteilte Freude ist doppelte Freude und geteiltes Leid ist halbes Leid.

Auch Kinder bis zu ca. acht Monaten halten, zeigt man mit dem Finger auf einen Gegenstand, ihren Blick auf den Zeigefinger fixiert, denn sie wissen noch nicht, was mit der Gebärde des Mit-dem-Finger-Zeigens gemeint ist. Aber bereits mit etwa neun Monaten beginnen sie, der deklarativen Zeigegeste zu folgen, und kurz darauf – mit 13 bis 15 Monaten – können sie auch aktiv die Aufmerksamkeit anderer im deklarativen Sinne lenken. Kinder lernen, dass zielgerichtetem Zeigen, das sie an anderen beobachten, immer eine Intention, eine Absicht zugrunde liegt – und diese Absicht ist mit dem Motiv des Teilenwollens einer Erfahrung verbunden. Die Zuschreibung dieser Absicht überträgt es auf sich selbst und lernt, sich als intentionalen Akteur zu begreifen. Es scheint die menschliche Sprache zu sein, die den Unterschied zwischen imperativer und deklarativer Zeigegeste markiert. Sobald das Kind selbst auf etwas zeigt und es mit einem Namen bezeichnet, ist damit auch schon die Möglichkeit, eine Erfahrung zu teilen und eine »joint attention« herzustellen, verwirklicht. In der menschlichen (deklarativen) Zeigeoperation wird Intentionalität zu einer bewussten und kommunizierbaren Kraft.

Gemeinsame Absicht

Zweifelsohne gibt es individuelle oder Ich-Absichten, die zwar geteilt werden können, aber nicht notwendig geteilt werden müssen, um in die Tat umgesetzt werden zu können. Zum Beispiel kann jemand beabsichtigen, ganz alleine nach Rom zu verreisen oder sein Studium abzuschließen, ohne diese Ich-Absicht mit anderen zu teilen – wiewohl der Einzelne in allem, was er beabsichtigt, stets auf soziale Vermittlung angewiesen ist.

Es gibt aber auch Absichten, deren Ziele man nur gemeinsam mit anderen erreichen kann, und zwar ausschließlich nur dann, wenn auch andere diese Absichten teilen und eine gemeinsame *Wir-Absicht* entsteht, an deren Realisierung die Einzelnen mitwirken und sich beteiligen. Findet sich beispielsweise nur eine einzige individuelle Ich-Absicht, das Spiel mit der Welt zu spielen, wie es im Solipsismus (oder im Vulgärkonstruktivismus) der Fall ist, funktioniert es nicht. »You can't tango alone. You need two to tango.« »Dieses Spiel«, so Spencer-Brown (1994), »geht nur zu zweit« – oder besser: ab zwei Spielern, und zwei Spieler gibt es nur dann, wenn es auch eine Vielheit von Spielern gibt. Beim Spiel mit der Welt handelt es sich eben um ein Gemeinschaftsprojekt, ein Gesellschafts- oder Kommunikationsspiel – und die Absicht dieses Spiels ist das Erfinden von Wirklichkeit.

Eine gemeinsame Wir-Absicht ist nicht auf der individuellen Ebene, sondern auf der Ebene der Gemeinschaft, der Ebene der Kommunikation, des sozialen Systems zu verorten. Mit anderen Worten: Das »Subjekt« der gemeinsamen oder Wir-Absicht ist die Kommunikation, das Soziale. Nicht nur Individuen, auch das Soziale – die Kommunikation – kann beabsichtigen. Indem der Einzelne die Absicht des Sozialen, die Wir-Absicht, mitträgt und sie teilt, gilt für ihn der Satz: Ich »wir-beabsichtige«.

Damit das Ziel einer gemeinsamen sozialen oder Wir-Absicht tatsächlich realisiert und erreicht werden kann, müssen die beteiligten Individuen, die Teilnehmer, dies nicht nur ebenso *wollen* und *beabsichtigen,* sondern auch auf ihre je spezifische Art und Weise aktiv dazu beitragen und sich beteiligen, indem sie entsprechend *handeln.* Jede individuelle Teilnehmerabsicht (ich wir-beabsichtige) geht mit einer Teilnehmerhandlung einher.

»Solange es Überschneidungen gibt zwischen den Vorstellungen, die die Gruppenmitglieder von dem kollektiven Ziel haben, zu dem sie absichtlich beitragen, handeln sie kollektiv bzw. gemeinsam absichtlich. Dies nenne ich die minimalistische Konzeption kollektiven Handelns« (Kutz, 2008, S. 456). Gibt es keine Überschneidungen (mehr), besteht immerhin die Möglichkeit aus der Gemeinschaft auszusteigen – man kann seine Mitgliedschaft im Tangoclub kündigen, aus der Partei, einer Bewegung, einer Gruppe, einer Glaubensgemeinschaft austreten, kann die Familie verlassen, die Ehe scheiden lassen. Der Ausstieg aus dem Spiel mit der Welt hat allerdings seine Tücken, denn die Mitgliedschaft im Club der Menschheit können wir weder negieren noch kündigen – auch nicht durch Suizid – und die Teilnahme an der Gesellschaft kaum jemals verweigern. Wer kann schon in völliger Autarkie überleben oder als Wolfskind weise werden?

Um welches Spiel auch immer es sich handelt – vom Tango bis zum Spiel mit der Welt –, damit es funktioniert, müssen die Teilnehmerhandlungen auch aufeinander abgestimmt, miteinander koordiniert werden. Man stimmt eben seine Schritte wie beim Tango optimal aufeinander ab, nur so bildet man gemeinsam eine Einheit, ein Wir, das Tango tanzt. Heinz von Foerster: »Man braucht den anderen und versucht den Tanz mit der Welt, man führt sich gegenseitig, erspürt den gemeinsamen nächsten Schritt und verschmilzt mit den Bewegungen des anderen zu ein und derselben Person, zu einer Wesenheit, die mit vier Augen sieht. Wirklichkeit wird zur Gemeinsamkeit und zur Gemeinschaft« (von Foerster u. Bröcker, 2002, S. 350).

Was hier deutlich zum Ausdruck kommt, ist einmal mehr der Zusammenhang – die strukturelle Kopplung – von Bewusstseins- und Kommunikationssystem. Den *Kitt* zwischen beiden Systemtypen bilden Erwartungen und Erwartungserwartungen (vgl. Shortcut 11; S. 76), die sowohl in den Köpfen der Teilnehmer existieren, als auch auf der Ebene des sozialen Systems bestimmte Regeln und Strukturen ausprägen, die den Beteiligten zur Orientierung ihres Verhaltens dienen. In der Kirche lacht man nicht und in der Vorstandssitzung weint man nicht. Man geht auch nicht nackt in die Oper. Tut man es doch, will man damit wohl eine »joint attention« provozieren, absichtsvoll eine bestimmte bewusste Ich-Absicht teilen, indem man auf etwas zeigt und aufmerksam macht, das Sinn schafft – beispielsweise auf die philosophische Botschaft der Nacktheit und ihren praktischen Nutzen. Es steht jedem frei, neue Ideen, neue individuelle Ich-Absichten in einer Kommunikation zu teilen (und *mitzuteilen*). Ob sich daraus aber auch eine gemeinsame Wir-Absicht entwickeln und konsolidieren wird, bestimmt die Kommunikation, in die sie eingebracht werden.

Shortcut 11: Erwartungen und Erwartungserwartungen

Das globale Netz von Erwartungen und Erwartungserwartungen bildet jene Struktur, die den Prozess der Kommunikation und des Bewusstseins koordiniert und orientiert. Ego erwartet nicht nur ein bestimmtes Verhalten von Alter Ego, sondern richtet sein eigenes Verhalten danach aus, wovon es meint, dass Alter es von ihm erwartet – hegt also bestimmte Erwartungserwartungen.

»Das Erwarten muss reflexiv werden, es muss sich auf sich selbst beziehen können, und dies nicht nur im Sinne eines diffus begleitenden Bewusstseins, sondern so, dass es sich selbst als erwartend erwartet weiß. Nur so kann das Erwarten ein soziales Feld mit mehr als einem Teilnehmer ordnen. Ego muss erwarten können, was Alter von ihm erwartet, um sein eigenes Erwarten und Verhalten mit den Erwartungen des anderen abstimmen zu können. Wenn Reflexivität des Erwartens gesichert ist, und nur dann, kann auch die Selbstkontrolle sich ihrer bedienen« (Luhmann, 1984, S. 412).

Erwartungszusammenhänge treten auch in generalisierter Form in Erscheinung – beispielsweise in bestimmten kulturellen Verhaltensformen wie Höflichkeits- und Anstandsregeln oder in Rollenbildern (Mutter, Vater, Arzt, Lehrer, Vorgesetzter, Manager). Das Geflecht von Erwartungen und Erwartungserwartungen entschärft das Problem der *doppelten Kontingenz* (Talcott Parsons), dass nämlich beide Verhalten – das des Sprechers und das des Hörers – in ihren Aktions- und Reaktionsmöglichkeiten grundsätzlich nicht festgelegt und voraussehbar sind. »There is a double contingency inherent in interaction. On the one hand, ego's gratifications are contingent on his selection among available alternatives. But in turn, alter's reaction will be contingent on ego's selection and will result from a complementary selection on alter's part. Because of this double contingency, communication, which is the precondition of cultural patterns, could not exist without both generalization from the particularity of specific situations (which are never identical for ego and alter) and *stability* of meaning which can only be assured by ›conventions‹ observed by both parties« (Parsons, zit. nach Durkheim, 1992, S. 30, Anm. 19).

Ethische Sicht und Einsicht

Wer anders denkt, sieht anders, und wer bisher nicht Geschautes plötzlich zu sehen imstande ist, fängt an, anders zu denken.
Gerald Hüther

Probleme kann man niemals mit derselben Denkweise lösen, durch die sie entstanden sind.
Albert Einstein

Traurige und enttäuschende Antworten auf die Frage, wie viele Individuen sich ihres Teil-der-Welt-Seins – ihres Teil des globalen differenzlosen Wir-Seins – heute schon bewusst sind, können nur die Dringlichkeit ethischer Aufklärung markieren. Der epistemologische Trick, die Didaktik – oder besser: die Magie – Heinz von Foersters, diese ethische Aufklärung zu betreiben und ein entsprechendes *Bewusstsein* zu erzeugen, besteht bereits im Stellen der ethischen Gretchenfrage selbst. Wer immer sich auf diese Frage einlässt, muss erkennen, dass er eigentlich nur noch für Teilnahme entscheiden kann, denn eine Identifikation mit der Guckloch-Position setzt eine Naivität voraus, die durch das bloße Stellen der ethischen Frage schon gebrochen ist. Denn der Weg, um zu einer Lösung zu kommen, fordert heraus, sich auf eine Metaebene der Reflexion zu begeben, das Beobachten zu beobachten und sich selbst in die Beobachtung miteinzubeziehen (Re-entry). Aus der 2nd-Order-Perspektive ist es logisch betrachtet gar nicht mehr anders möglich, als sich selbst als Teil der Welt zu *sehen*.

Der Clou liegt in der Nötigung zum Ebenenwechsel (Beobachten zweiter Ordnung). Die Frage ist nicht mehr: Wo bin ich?, sondern: Wo *sehe* ich mich selbst?

Im Zentrum steht daher primär das Sehen.

Sehen des Sehens

Tatsache ist, dass, sobald der Beobachter seine Augen öffnet, er einer Welt begegnet, die sich außerhalb seiner selbst ausbreitet und von der er sich als getrennt erlebt (Guckloch). Auf dieser Ebene des Beobachtens, des *Beobachtens erster Ordnung,* entsteht für ihn auch nur allzu leicht der Eindruck einer objektiven, von ihm selbst unabhängigen Welt, die er wie aus der Position des Locus observandi beobachten kann. Der Beobachter unterliegt damit sehr rasch dem Postulat eines vermeintlichen Objektivismus oder Realismus. Er schreibt der Welt dann jene Eigenschaften zu, die, wie bereits beschrieben, aus einer konstruktivistischen Perspektive in ihm selbst zu finden sind. Der Beobachter *ist* zwar inmitten der Welt, kann sich selbst als Teil der Welt jedoch nicht mitbeobachten – kann sich selbst beim Sehen nicht *sehen.* Aber nicht einmal das kann er zunächst sehen.

Diese Blindheit der eigenen Blindheit gegenüber demonstriert das Experiment mit dem blinden Fleck (vgl. Reflexion 6: »Das Experiment mit dem blinden Fleck«, Abbildung 8, S. 82). Ein anderes Beispiel, das anschaulich zeigt, *dass* wir nicht sehen, was wir nicht sehen, ist das bekannte »The Invisible Gorilla«-Experiment von Christopher Chabris und Daniel Simons (2011). Etwa die Hälfte aller Teilnehmer des Experiments ist, wenn sie aufgefordert werden, die Ballwechsel zwischen Basketballspielern aufmerksam zu beobachten und zu zählen, nicht in der Lage, einen Gorilla wahrzunehmen, der mitten durch die Gruppe der Spieler spaziert. Erst wenn sie das Experiment zum zweiten Mal sehen oder explizit auf den Gorilla hingewiesen werden, wird er plötzlich sichtbar. Man fragt sich dann verblüfft, wie es sein konnte, *dass* man ihn nicht gesehen hat bzw. sehen konnte.[4]

Auf einer *Beobachtungsebene erster Ordnung* kann der Beobachter gar nicht sehen, *dass* er nicht sehen kann. Es fällt ihm gar nicht auf. Er ist blind für sein Nichtsehen, blind der eigenen Blindheit gegenüber. Er selbst mit seinen beobachtungsleitenden Motiven und Absichten verschwindet im blinden Fleck seines Beobachtens.

Erst auf einer *Beobachtungsebene zweiter Ordnung* kann er sehen, dass er (auf einer Beobachtungsebene erster Ordnung) blind ist: »Wenn ich nicht sehe, dass ich blind bin, dann bin ich blind; wenn ich aber sehe, dass ich blind bin, dann sehe ich« (von Foerster, 2004,

---

4 Wer sich auf das Experiment im Selbstversuch einlassen möchte, findet Anleitungen im Internet, beispielsweise unter: »The Monkey Business Illusion«. Zugriff am 15.04.2016 unter https://www.youtube.com/watch?v=IGQmdoK_ZfY

S. 116 f.). Wenn ich (auf einer Ebene zweiter Ordnung) sehen kann, dass ich (auf einer Ebene erster Ordnung) nicht sehen kann, rückt das Nichtsehen – und damit zugleich auch das Sehen – in den Blick und wird zum Gegenstand der Betrachtung. Ich sehe, *wie* ich sehe – ich erkenne, wie ich erkenne. Ich sehe das Sehen, erkenne das Erkennen.

Es bedarf also eines Schrittes zurück, der Rückwendung zu sich selbst (Re-entry) und eines zweiten Blicks, was natürlich nur in zeitlicher Differenz, im Nachhinein, geschehen kann. Denn jedes Bewusstsein kann nur eine Unterscheidung gleichzeitig prozessieren – jede aktuelle Unterscheidung ist immer eine 1st-Order-Unterscheidung, ein 1st-Order-Beobachten. Zum zweiten oder 2nd-Order-Blick kommt es dann, wenn dieser (notwendig zeitversetzt) auf eine 1st-Order-Unterscheidung gerichtet wird. Ist das Objekt der Beobachtung nicht etwas – die Welt –, sondern das Beobachten selbst, werden aus Fragen nach einem WAS (nach etwas, nach der Welt) Fragen nach dem WIE des Beobachtens. Das Beobachten des Beobachtens macht die Unterscheidung, die der Beobachtung von etwas, der Welt, zugrunde lag, sichtbar. Was ins Bewusstsein rückt, ist das Motiv, die Absicht, die Intention des Beobachters, so und nicht anders zu unterscheiden.

Damit ein zweiter Blick möglich ist, muss der Beobachter über ein Gedächtnis verfügen (wie es auch höhere Tiere besitzen) – er muss sich erinnern können – und zusätzlich über ein Werkzeug, das Selbstthematisierung ermöglicht: die Sprache im menschlichen Sinn. Der 2nd-Order-Blick ist in diesem Sinne genau wie die menschliche Sprache ein Merkmal, das Menschen auszeichnet. Während der 1st-Order-Blick biologisch vermittelt ist (sowohl bei Menschen als auch Tieren), ist jeder 2nd-Order-Blick auf soziale Vermittlung angewiesen. Er will gleich der Sprache gelernt sein, denn er entwickelt sich nicht zwingend und selbsttätig. Der zweite Blick meint das Einnehmen einer Position zweiter Ordnung, von der aus geschaut wird, und bezeichnet in diesem Sinn bereits die Grundhaltung des systemischen Denkens.

Die ethische Gretchenfrage kann erst auf »logischer« Basis des zweiten Blicks *entschieden* werden. Indem ich sehen kann, dass ich nicht sehen kann, sehe ich auch wieder, was ich nicht sehen kann – nämlich mich selbst als Teil der Welt, die ich teilnehmend beobachte. Ich *bin* dann nicht nur Teil der Welt (vgl. Abbildung 6, S. 80), ich erkenne – *sehe* – mich auch als solcher (vgl. Abbildung 7, S. 81). Der logische und epistemologische Kontext des Beobachtens gewinnt damit aber auch eine völlig neue Dimension. Als Teil der Welt, die er mit anderen gemeinsam be-*wirkt,* erzeugt und verändert, ist der Beobachter für sein eigenes Beobachten auch verantwortlich. Diese Einsicht, »das Wissen um dieses Wissen ist der soziale Imperativ jeder auf dem Menschlichen basierenden Ethik« (Maturana u. Varela, 1987, S. 265). Denn ganz einfach naiv kann der Beobachter fortan nicht mehr beobachten. »Das wiedergeborene Auge verändert die alte Handlung«, wie es Henrik Ibsen (1884/1998) ausdrückt.

Abbildung 6: Der Beobachter in der Welt, die er beobachtet: M. C. Escher »Die Galerie« (Escher, 2008, S. 88)

Ein Beobachter erster Ordnung – der junge Mann in Eschers Bild – ist zwar Teil der Welt, die er beobachtet, er ist sich dessen aber nicht bewusst; er kann dies nicht sehen (erkennen), weil er sich selbst und sein Beobachten nicht zugleich mitbeobachten kann. Die helle Stelle in der Mitte des Bildes symbolisiert den blinden Fleck des Beobachtens. Erst indem der junge Mann aus dem Bild heraustritt (Ebenenwechsel), wie die Abbildung 7 veranschaulicht, kann er sich selbst in der Welt *und* seinen blinden Fleck sehen.

Abbildung 7: Beobachten zweiter Ordnung: Bearbeitung von M. C. Escher »Die Galerie« (Escher, 2008, S. 88)

Zur Beobachtung zweiter Ordnung (2nd Order) wird eine Beobachtung, wenn sie statt eines Beobachtungsinhaltes (etwas, die Welt) dessen Beobachtung in den Fokus ihrer Aufmerksamkeit stellt. Der junge Mann, der aus dem Bild heraustritt, ist ein Beobachter zweiter Ordnung, der sich selbst (den Beobachter erster Ordnung) beim Beobachten der Welt beobachtet.

Jede Form der Selbstbeobachtung – des Beobachtens eigenen Beobachtens – bekommt es mit dem Thema Zeit zu tun: Man kann eigenes Beobachten nur mit einer weiteren (anschließenden, jedenfalls: nachträglichen) Beobachtung beobachten. Die Evolution musste gedächtnisfähige Gehirne bauen, um dieses Kunststück des Selbstbezuges zuwege zu bringen. Und erst die menschliche Sprache hat es möglich gemacht, die Frage nach dem Selbst allen Selbstbezuges zu stellen. Im Menschen öffnet die Natur die Augen, um sich selbst zu erkennen – so etwa haben es die deutschen Idealisten formuliert. Hier mag deutlich werden, was Spencer-Browns logischer Kalkül für die kognitive Komplexität der Menschheit bedeutet: Erstmals ist die Zeit (als Gedächtnisfunktion) in einer logischen Form erfasst und als Konsequenz der elementaren Operationen (Beobachten) der Existenz abgebildet. Existenz als solche ist in all ihren Teilen das Gedächtnis ihrer selbst – ein Gedächtnis, das in der menschlichen Form selbstbewusst werden will.

Reflexion 6: Das Experiment mit dem blinden Fleck

Halten Sie die Abbildung 8 mit ausgestreckter Hand und fixieren Sie mit dem rechten Auge den Stern. Schließen Sie das linke Auge. Nähern Sie die Abbildung nun langsam dem Gesicht. Der Stern muss fixiert und scharfgestellt bleiben, während Sie die Abbildung entlang der Sehachse vor- und zurückbewegen, bis der Abstand erreicht ist, bei dem der Punkt verschwindet. Vorausgesetzt der Stern bleibt gut fixiert, bleibt der Punkt auch dann unsichtbar, wenn Sie die Abbildung parallel zu sich nach rechts und links und von oben nach unten bewegen.

Abbildung 8: Der blinde Fleck (von Foerster u. Pörksen, 2004, S. 117)

Das Erstaunliche ist, dass diese örtliche Blindheit nicht etwa durch einen dunklen Fleck im Gesichtsfeld auffallen würde (denn einen dunklen Fleck würde man ja sehen können), sondern dass er überhaupt nicht wahrnehmbar ist und man blind gegenüber dieser Blindheit ist.

Die biologische Erklärung des Experiments: Der blinde Fleck ist jene Stelle, an der der Sehnerv an die Netzhaut unseres Auges andockt und an der sich keine Stäbchen und Zäpfchen befinden, die Sinneseindrücke an das Gehirn weiterleiten. An diesem winzigen Punkt ist man blind. Im Normalfall ergänzt das Gehirn den blinden Fleck durch Informationen, die es von angrenzenden Stäbchen und Zäpfchen und über das zweite Auge bekommt (vgl. von Foerster u. Pörksen, 2004, S. 117).

Re-entry der Gretchenfrage

Wo man ist, ist innen, und wenn man außen ist,
ist außen innen.
Ramita G. Blume

Die ethische Gretchenfrage ist mit der klassischen Logik von Entweder-oder nicht zu entscheiden, weil Guckloch und Teilnahme in einem Verhältnis gegenseitiger Implikation stehen und jede Antwort ihr Gegenteil miteinschließt. Das Problem ist paradox.

Da der Beobachter unmöglich das Innere seiner Box verlassen kann, kann er gar nicht Teil der Welt – outside the box – sein. Outside the box kann nur der Andere (als Teil der Vielheit) sein. Er selbst ist System und nicht Umwelt. Das gilt auch für jeden anderen: Da die Teile aber nur gemeinsam und zusammen – als *Wir* (Vielheit) – Teile der Welt sein können, liegt der Schluss nahe, dass sowohl der Beobachter wie auch alle anderen Teil der Welt sein müssen – und zwar: outside the box.

Damit ergibt sich die paradoxe Situation, dass der Beobachter zugleich inside und outside the box verortet wird, sowohl getrennt von und außerhalb der Welt (Guckloch) als auch verbunden und innerhalb der Welt (Teilnehmer). Die Paradoxie wird nur auf der Ebene des Beobachtens zweiter Ordnung offensichtlich. Denn auf einer Ebene erster Ordnung *ist* er inside the box und die Welt *ist* outside the box. Erst wenn er sich selbst beobachten kann, ist es möglich, sich selbst auch outside the box als Teil der Vielheit und Teilnehmer am Prozess der Wirklichkeitskonstruktion zu *sehen.*

Die ethische Gretchenfrage in der Sprache Spencer-Browns gestellt, fordert dazu auf, einen zweiten Blick auf Einschluss- und Ausschlussverhältnisse des Beobachters und der Welt zu werfen. Das Re-entry der Unterscheidung, auf der die ethische Gretchenfrage beruht, markiert exakt die Differenz von 1st- zu 2nd-Order-Orientierung der Selbst- und Weltauffassung und damit Haltung: Wer sich als Teil der Welt *sehen* kann, begegnet eben nicht mehr einfach naiv der Welt, sondern einer Welt mit sich selbst darin. Der Beobachter stellt sich mitsamt (und inside) seiner Box – als Guckloch – outside the box: in die Welt. Das Wiedereintreten in eine Seite der Differenz (Guckloch/Teil der Welt) kann daher auch nur noch im Bewusstsein der Teilnahme geschehen (vgl. Abbildung 9). Das Re-entry auf der Seite »Teil der Welt« meint in diesem Sinne: sich als individuelles Guckloch, das man *ist,* zu *erkennen* (zu sehen) und als solches teilzunehmen an einer Welt, die aus einem Netzwerk von Beziehungen einander wechselseitig beeinflussender Gucklöcher besteht.

Jede Selbstexklusion (eine Entscheidung gegen die Teil-der-Welt-Position) aus der Welt kann daher aber auch nur als in die Welt inkludierte »Selbstexklusion« betrachtet werden. Wer sich herausnehmen möchte, wird hereingenommen, muss als solcher, als »inkludierter Exkludierter«, teilnehmen – ob er will oder nicht. Wer nicht verantwortlich sein will, wird zur Verantwortung gezogen.

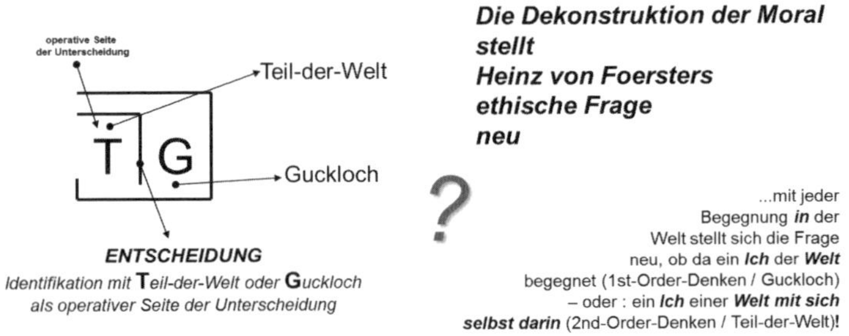

Abbildung 9: Re-entry der Differenz Guckloch/Teilnahme

Ethische Haltung

> *Änderst du daraufhin dein Leben wirklich, tust du nichts anderes, als was du selber mit deinem besten Willen willst, sobald du spürst, wie eine für dich gültige Vertikalspannung dein Leben aus den Angeln hebt.*
> Peter Sloterdijk

Diese Vertikalspannung, von der Peter Sloterdijk spricht, gilt es durch das *Aufrichten* der Haltung von der 1st-Order-Sicht auf die 2nd-Order-Sicht zu erreichen. Aus »Sicht und Einsicht« (vgl. von Foerster, 1999) resultiert eine bewusste Haltung der eigenen Haltung und Denkweise und damit der Welt gegenüber. Denn das Sehen des Sehens führt zur Einsicht in die eigene Sicht der Welt und deren ethische Implikationen. Die bewusste Entscheidung für das Reentry auf der Seite Teil-der-Welt bewirkt, so Heinz von Foerster, unendlich viel: »Man kann überrascht sein, wieviel aus dieser Haltung herausströmt, von der man am Anfang gar nicht weiß, was für unglaubliche Konsequenzen sie hat« (von Foerster u. Bröcker, 2002, S. 12).

Als Begriff zweiter Ordnung ist die ethische Haltung keine alltägliche 1st-Order-Haltung, keine Meinung (Doxa), keine Einstellung zu oder Ansicht über etwas, sondern steht in Heideggers Diktion für die »seinsmäßige Haltung« des Menschen: »Eine-Ansicht-Haben über eine bestimmte Sache ist keine ethische Bestimmung, betrifft nicht die eigentliche seinsmäßige Haltung des Menschen« (Heidegger, 1924/2002, S. 147). Die »seinsmäßige Haltung« bezieht sich auf die »Eigentlichkeit des Menschen«, die Heidegger ethisch konnotiert. Die Eigentlichkeit ist nichts anderes als die dem Menschen vorbehaltene und ihn von allen anderen Lebewesen unterscheidende besondere Existenzform, die ihn als ein 2nd-Order-Wesen auszeichnet. Zum Ausdruck kommt die ethische Haltung bei Heidegger durch das »Sichhalten in der Welt« (Heidegger, 1924/2002, S. 68) – systemisch gesprochen: durch das Halten der Haltung.

Haltung der Haltung: 2nd-Order-Haltung

Die systemische Ethik ist nichts anderes als eine im aktuellen Denken und Kommunizieren bewusst mitgeführte 2nd-Order-Haltung in Bezug auf eben dieses Denken und Kommunizieren: Die Haltung der Haltung – also Selbsthaltung – als (Konsistent-)Halten dieser Haltung.

Um diese Haltung im Alltag durch*halten* zu können, muss der zweite Blick trainiert und eingeübt werden – je früher, desto besser. In diesem Sinne schreibt Heinz von Foerster, wie eingangs erwähnt, für die Einführung in die Spencer-Brown'sche Logik auch kein Mindestalter vor. Der »zweite Blick« kann bereits mit Kindern erarbeitet und zu einem *ethischen Standard* gemacht werden – was vor allem auf das Erziehungssystem als einen zentralen Ort gesellschaftlicher Implementierung der systemischen Ethik verweist. Denn die Erziehung, so Peter Sloterdijk (2009, S. 546), hat den immensen (gesellschaftlichen) Vorteil, »dem Entschluss zur Metanoia, der ethischen Revolution auf halbem Lebensweg zuvorzukommen, indem sie die Änderung des Lebens in dessen Anfänge [legt].«

Bereits bei Aristoteles liegt der Schlüssel zur Ethik in der Erziehung. Ein tugendhaftes Leben ist das Resultat eines Trainingsprogramms. Die Methode, sich die Tugenden anzueignen, ist die *Inkorporation durch Gewöhnung* (1st Order). Die 2nd-Order-Haltung einzuüben (zu inkorporieren) bedeutet hingegen, auf eine explizite Erweiterung der Beobachterkompetenz von Beobachtung (1st Order) auf Selbstbeobachtung (2nd Order) umzustellen und sich daran zu gewöhnen, Gewohnheiten, Konditionierungen und das allzu Selbstverständliche – auch wenn dies Tugenden sein mögen – zu hinterfragen und einem zweiten Blick zu unterziehen. Kurz: Die systemische Ethik basiert im Unterschied zur aristotelischen nicht auf Inkorporation eines bestimmten, nämlich tugendhaften Verhaltens, sondern auf Inkorporation des zweiten Blicks. Anders formuliert: Die Inkorporation bezieht sich nicht auf ein *Was* (Tugend), sondern auf das *Wie* des Beobachtens – eben auf ein Beobachten zweiter Ordnung.

Wird der zweite Blick nun auf Dauer gestellt (wiederholt angewandt, geübt, trainiert – inkorporiert), verdichtet und kristallisiert er sich mit der Zeit zu einer beständigen, konsistenten Haltung, die nicht nur im Nachhinein, sondern stets im je aktuellen Vollzug des Unterscheidens »mitläuft«, präsent und wirksam ist. In der Sprache der Rekursionstheorie (vgl. Shortcut 6, S. 51) stellt sich durch wiederholtes Praktizieren und Üben (Halten) der Haltung mit der Zeit ein stabiler Zustand ein: eine »Eigenhaltung« als ein Eigenverhalten, ein bestimmtes Verhalten dem eigenen Verhalten gegenüber. Diese 2nd-Order-Haltung wird zum Referenzpunkt der motivationalen Steuerung des Individuums und gibt dem Handeln eine Richtung – sie orientiert die Selbststeuerung. Systemische Ethik strömt aus dieser 2nd-Order-Haltung und damit aus dem Blick auf das Motiv, auf die Absicht des Unterscheidens und hinterfragt die Fokussteuerung des Beobachtens – vor allem des eigenen.

Die Konstanz und Permanenz der 2nd-Order-Haltung, die sich einstellt, ist vergleichbar mit dem griechischen *synéidesis,* dem *inneren Mitwissen* als begleitendes reflektierendes Bewusstsein, das *permanent* präsent ist, also mitläuft, und aktiv Stellung nehmend das Handeln und Erkennen reguliert und steuert. »Synéidesis ist das Bewusstsein als Inbegriff der Gedanken, Gesinnungen und Wollungen der Menschen, also ein ›Inneres‹« (Biller u. Stiegeler, 2008, S. 152). *Synéidesis* als der innere Zeuge bezieht sich auch auf das antizipierte Mitwissen anderer und auf ein gemeinsames Mitwissen, integriert also den Fokus auf andere und die Gemeinschaft.

Der Ort im Gehirn, an dem Haltungen als subjektive Dimension von Einstellungen und Überzeugungen als Grundlage des Entscheidens (Unterscheidens) verankert sind, ist der Frontallappen (Lobus frontalis), jener Teil des Neokortex, der als der »menschlichste« Teil des Gehirns, häufig auch als »Organ der Zivilisation« bezeichnet wird und zuständig ist für das Sozialverhalten und die Persönlichkeit (»Self-awareness«), aber auch für abstraktes Denken. Im Unterschied zu Tieren hat sich der Neokortex beim Menschen im Laufe der Evolution stark weiterentwickelt und hat ein Niveau erreicht, auf dem die Evolution sich als solche selbst zu erkennen beginnt. Die 2nd-Order-Fähigkeit braucht diese komplexen Hirnstrukturen als Voraussetzung und Bedingung der Möglichkeit für Freiheit von Naturgesetzen (ermöglicht durch Technik) und die daraus resultierende Verantwortung.

Freiheit als Entscheidung

Immer auch ganz ander(e)s beabsichtigen und beobachten zu können, setzt Freiheit voraus. Die unabdingbare Voraussetzung für die Möglichkeit, dass der Einzelne überhaupt Sicht und Einsicht und eine bewusste Haltung entwickeln kann, ist Freiheit als *der* fundamentale Begriff der Ethik.

Freiheit als Grundbedingung der Ethik zu sehen, ist keine Neuentdeckung, gehört Freiheit doch zum klassischen Grundinventar jeder Ethik. Freiheit bezeichnet die Fähigkeit des Menschen, aus eigenem freiem Willen Entscheidungen zu treffen. »Neu« an der Freiheit im Rahmen der systemischen Ethik ist allerdings, dass sie keine Tatsache per se ist, sondern selbst zu einer Frage der Entscheidung wird.

Die systemische Grundlage der Freiheit ist die Idee der Autonomie, die aus der Selbststeuerung, -organisation, -regelung autopoietischer Systeme gewonnen wird. Diese basale Autonomie bedeutet aber noch nicht Freiheit. Denn erst in der Reflexion seiner Autonomie gewinnt ein autonomes System ein Bewusstsein seiner Autonomie. Auf dieser Ebene kommt Freiheit ins Spiel: Freiheit als Zustand eines autonomen Systems, das sich seiner Autonomie bewusst ist und damit auch bewusst auf sich selbst einwirken kann: »Die Ursachen meiner Handlung liegen in mir, ich bin mein eigener Regler. Frankl, Jaspers oder Buber würden das vielleicht so sagen: In jedem Augenblick kann ich entscheiden, wer ich bin« (von Foerster, 1999, S. 79). Das autonome System hat die Wahl, sich so oder auch anders zu entscheiden. Freiheit impliziert aber auch die Freiheit, seine Entscheidung, aus welchen Gründen auch immer, anderen zu überlassen.

Für die Ethik geht es in diesem Sinn um das Reflektieren der Autonomie, die (autonome) bewusste Entscheidung für die Freiheit und die darin eingebundene Übernahme von Verantwortung. Denn mit der Entscheidung für die Freiheit wird jeder Einzelne nicht nur frei, sondern eben auch verantwortlich. »Ich entscheide, daher ist es meine Verantwortung«, so Heinz von Foerster, »meiner Verantwortung obliegt es, wie was gemacht wird« (von Foerster u. Bröcker, 2002, S. 68). Einfach ausgedrückt: Freiheit gibt es nur in Kombination mit Verantwortung. Sich für die Freiheit zu entscheiden, bedeutet auch, dass man sich der Verantwortung nicht mehr entledigen kann, denn wer sich selbst als frei bestimmt und immer auch anders handeln könnte, ist auch verantwortlich.

Willens- und Handlungsfreiheit

Das Individuum ist mit Gotthard Günther sowohl »ein System kontemplativer Erkenntnis«, als auch eine »Quelle aktiven Wollens«. »In seiner Erkenntnismöglichkeit ist es an seine Umwelt insofern gebunden, als es nur das erkennen kann, was da ist – einschließlich seiner eigenen Einbildungen und Irrtümer. Als Willensaktivität behauptet es andererseits eine gewisse Unabhängigkeit von seiner Umgebung« (Günther, 2002, S. 4). Auf dieser gewissen Unabhängigkeit der Willensaktivität von der Umwelt baut der Glaube an die Freiheit des Willens auf.

Wie sehr ist das Wollen aber auch tatsächlich das *eigene* Wollen? Haben wir Menschen überhaupt einen freien Willen? Oder tut nicht vielmehr unser Wille, was *er* will – und nicht, was *wir* wollen? Schopenhauer beispielsweise bezeichnet in der Tradition Demokrits, Lukrez' und Spinozas den freien Willen als eine Selbsttäuschung des Bewusstseins. Und Neurowissenschaftler wie Benjamin Libet schienen experimentell bewiesen zu haben, dass der freie Wille eine Illusion ist. Schon lange bevor wir glauben, uns selbst für eine bestimmte Handlungsalternative zu entscheiden, hat unser Gehirn begonnen, die Handlung vorzubereiten, so die Neurowissenschaftler: Statt zu tun, was wir wollen, *wollen* wir, was wir *tun* – damit aber können wir nicht tun, was wir wollen. Wir sind nach Libets Befund nicht in der Lage zu wollen, was wir wollen. So gesehen wäre der freie Wille eine Illusion. Doch im konstruktivistischen Sinn ist auch die Illusion eine reale Wirkkraft (ähnlich dem 18. Kamel – vgl. das Kapitel »Realität und Wirklichkeit: eine Differenz, die Sinn macht«, S. 48), die bisweilen auch erzeugen kann, was sie vorstellt.

Die Freiheit des Willens bleibt mit Heinz von Foerster eine prinzipiell unbeantwortbare Frage, die man selbst zu beantworten hat. Indem man sich für die Freiheit entscheidet, ist man auch frei zu entscheiden, ob der Wille frei ist oder nicht. »Man *muss* frei sein *wollen – und* bereit sein, es zu *lernen.* Das heißt: lernen, die sozial vermittelte Idee einer *Verbindung von Freiheit und Wille* als Herausforderung zu lesen, sich im Kontext eigener Konditionierungen und Gewohnheiten zu hinterfragen, sich also selbst zu beobachten – beim Beobachten« (Kropfberger, 2015, S. 223, Hervorhebung im Original).

Im Gegensatz zur Willensfreiheit bedeutet Handlungsfreiheit instrumentelle Freiheit, also die Freiheit, zwischen unterschiedlichen gegebenen Möglichkeiten zu wählen. In Bezug auf eine Handlung ist Freiheit daher immer bedingte, am Konkreten endende Freiheit. Denn die Freiheit muss eigene Geltungsansprüche im Hinblick auf die Geltungsansprüche anderer modifizieren und sich auf das Bedingte – auf konkrete Kontexte – beziehen.

Die Entscheidung für den freien Willen bewirkt, dass der Unterschied zwischen Willensfreiheit und Handlungsfreiheit marginal wird. Denn jede Entscheidung selbst ist eine Handlung. Willensfreiheit muss sich an denselben Kontexten wie Handlungsfreiheit, an realen Gegebenheiten und sozialen Kontexten, orientieren und kann nicht als rein subjektiver, von allem anderen vollständig losgelöster Akt verstanden werden.

Die Foerster'sche Formel

Freiheit ist für Kant nur durch die Vernunft erreichbar: Ohne Vernunft wäre der Mensch nicht frei, sondern vollkommen beherrscht von seinen Trieben, und unterschiede sich mitnichten von Tieren. Kant leitet aus dieser Freiheit (des Menschen) ein Gesetz ab, ein Prinzip, das seine Haltung auszeichnet und bestimmt. Er formuliert einen ethischen Satz zweiter Ordnung, der willensbildend und handlungsleitend wirkt – seinen kategorischen Imperativ: »Handle nur nach derjenigen Maxime, durch die du zugleich wollen kannst, dass sie ein allgemeines Gesetz werde« (Kant, 1785/1900, S. 421). Kant war davon überzeugt, dass der Mensch, ausgezeichnet durch seine Rationalität und praktische Vernunft, auch einen Zugang zu diesem Prinzip habe und sich daher auch freiwillig dazu verpflichten könne und – so er denn vernunftbegabt sei – auch müsse. Damit werden aber Freiheit und Pflicht zu Synonymen. Der Pflichtbegriff zeichnet sich jedoch gerade dadurch aus, dass er keine Wahl zulässt – und Freiheit beseitigt. Pflicht ist das, was jemand tun muss, was (durch eine interne oder externe Autorität) gefordert wird. Die einzige Freiheit, die bleibt, beschränkt sich darauf, die Kant'sche Pflicht anzunehmen oder abzulehnen. Die Autorität, die zur Pflicht ruft, ist die Kant'sche Vernunft als Wesensmerkmal des Menschen. Lehnt man ab, muss man daher in Kauf nehmen, dass damit innerhalb von Kants System ebenso die Vernunft infrage gestellt wird.

Auch Heinz von Foersters bekannter »ethischer Imperativ«, der als die »Foerster'sche Formel« bezeichnet wird, ist – in Anlehnung an Kant – ein ethischer Satz zweiter Ordnung, eine »Transformationsformel« der Haltung in Handlung: »Handle stets so, dass die Anzahl der Möglichkeiten größer wird« (von Foerster, 1993b, S. 49).

Wahlmöglichkeiten zu vermehren bedeutet, Freiheit herzustellen und zu erweitern. Während sich die Zahl der Möglichkeiten und damit Freiheit bei Kant reduziert und verengt (auf Pflicht), erweitert und steigert sich die Freiheit bei von Foerster. Freiheit gibt es aber nur in Verbindung mit Verantwortung. Verantwortung wird bei von Foerster jedoch nicht als Pflicht, in der die Freiheit verschwindet oder der man die Freiheit »opfert«, gesehen, sondern ganz im Gegenteil, als Verpflichtung, die Freiheit zu vermehren, indem man dafür sorgt, dass sich die Anzahl der Möglichkeiten – die Freiheit aller Beteiligten – steigern kann:

> »[Man soll] die Aktivitäten eines anderen nicht einschränken, sondern es wäre gut, sich auf eine Weise zu verhalten, die die Freiheit des anderen und der Gemeinschaft vergrößert. Denn je größer die Freiheit ist, desto größer sind die Wahlmöglichkeiten und desto eher ist auch die Chance gegeben, für die eigenen Handlungen Verantwortung zu übernehmen. Freiheit und Verantwortung gehören zusammen. Nur wer frei ist – und immer auch anders agieren könnte –, kann verantwortlich handeln« (von Foerster u. Pörksen, 2004, S. 36).

Die Freiheit selbst wird durch freiheitsorientiertes Handeln operativ wirksam, in der Absicht, sich selbst zu erzeugen, zu ermöglichen, zu erweitern, zu steigern. Um das Operative der Foerster'schen Formel zum Ausdruck zu bringen, müsste man genau genommen Freiheit als Substantiv in ein Verb umwandeln – im Sinne von befreien, freigeben, freimachen, freistellen und so weiter. »Freimachen« meint nicht nur freimachen von etwas, sondern auch freimachen für oder zu etwas, was vor allem den kreativen und schöpferischen Aspekt bewusster Konstruktion von Sinn und Wirklichkeit betont. Aber nicht nur sich selbst gilt es frei zu machen von und zu etwas. Freiheitsorientiertes Handeln impliziert, Verantwortung dafür zu übernehmen, dass auch andere zu Mitgewinnern des eigenen Freiheitsgewinns werden können. In globalen Zeiten muss der Begriff Mitgewinner sowohl in seiner räumlichen Dimension auf alle – das globale *differenzlose Wir* ausgedehnt werden, als auch in seiner zeitlichen Dimension den Blick auf zukünftige Generationen und Sinnkontexte beinhalten. Das angestrebte Vermehren der Möglichkeiten darf natürlich nicht quantitativ missverstanden, sondern muss in ihrer qualitativen Dimension gedeutet werden. Eine rein quantitative Vermehrung der Möglichkeiten würde klarerweise die Entscheidungsfähigkeit der Beteiligten kollabieren lassen.

Von Foerster betont, dass sein ethischer Satz vor allem eine Formel sei, die für ihn selbst die systemische Haltung operabel macht und stellt – im Gegensatz zu Kant – keineswegs den Anspruch auf Allgemeingültigkeit. In diesem Sinne soll die Foerster'sche Formel als Anregung dienen, eine eigene, für sich selbst passende Formel zu *er*finden. Es empfiehlt sich, den *Imperativ* der Foerster'schen Formel als Einladung zu betrachten, die Formel auszuprobieren, mit ihr zu experimentieren und eine eigene Interpretation von ihr zu entwickeln.

Freiheit – Macht – Verantwortung

Um im sozialen Kontext überhaupt handeln und etwas bewirken zu können, aktiv am Spiel mit der Welt mitzuwirken, bedarf es – so schwierig und belastet der Begriff auch sein mag – der Macht. Ohne Macht ist Freiheit »impotent«, kann schlicht nichts machen, kann keinen Einfluss nehmen, nichts bewirken. Etymologisch betrachtet, bezeichnet Macht (lat. *potentia, possum, posse, potui:* »können«) das Vermögen, Einfluss auf das eigene wie auf das Denken und Handeln anderer zu nehmen. Macht ist

> »eine Gesamtheit von Handlungen, die auf potentielle Handlungen einwirken. Macht ist ein Kräfteverhältnis, oder vielmehr jedes Kräfteverhältnis ist ein ›Machtverhältnis‹. Man kann sich folglich

eine notwendigerweise offene Liste von Variablen vorstellen, die ein Kräfte- oder Machtverhältnis ausdrücken und auf Handlungen einwirkende Handlungen darstellen: veranlassen, verleiten, umleiten, erschweren oder erleichtern, etwas wahrscheinlicher oder unwahrscheinlicher machen … Dies sind die Kategorien der Macht« (Deleuze, 1992, S. 99).

In die Spiele der Macht ist jeder involviert – ob mächtig oder ohnmächtig. Denn Macht ist ein Beziehungsspiel: Ob man mächtig ist oder nicht, das »hängt zwar auch von einem selber ab, aber auch vom Gegenüber. […] Macht ist also eine Beziehungsform, bei der ein Mitglied des Beziehungssystems das Verhalten des anderen beeinflussen kann« (Simon, 1999, S. 109).

Im Sinne der systemischen Ethik ist Macht die Bedingung der Möglichkeit, auf die Wirklichkeitskonstruktionen einzuwirken, sodass die ethische Haltung praktisch wirksam werden kann. Mit Foucault (1994, S. 249) gilt es daher »aufzuhören, die Wirkungen der Macht immer negativ zu beschreiben, als ob sie nur ausschließen, unterdrücken, verdrängen, zensieren, abstrahieren, maskieren, verschleiern würde.« Denn sie kann auch Gegenteiliges: etwas einschließen, zum Ausdruck bringen, bewusst machen, freigeben, erlauben, ermöglichen, erweitern – kurz: im Sinne der Foerster'schen Formel freiheitsorientiert wirksam werden. Und sie kann nur in Zusammenhang mit Freiheit und Verantwortung auftreten. Auf den Zusammenhang von Macht und Freiheit weist Foucault in seinem Text »Das Subjekt und die Macht« hin: »Macht und Freiheit stehen sich also nicht in einem Ausschließungsverhältnis gegenüber (wo immer Macht ausgeübt wird, verschwindet die Freiheit), sondern innerhalb eines sehr viel komplexeren Spiels: in diesem Spiel erscheint die Freiheit sehr wohl als die Existenzbedingung von Macht (sowohl als ihre Voraussetzung, da es der Freiheit bedarf, damit Macht ausgeübt werden kann, wie auch als ihr ständiger Träger, denn wenn sie sich völlig der Macht, die auf sie ausgeübt wird, entzöge, würde auch diese verschwinden und dem schlichten und einfachen Zwang der Gewalt weichen); aber sie erscheint auch als das, was sich nur einer Ausübung von Macht entgegenstellen kann, die letztendlich darauf ausgeht, sie vollkommen zu bestimmen. Das Machtverhältnis und das Aufbegehren der Freiheit sind also nicht zu trennen« (Foucault, 1987, S. 256).

Ohne Freiheit keine Macht und ohne Macht keine Freiheit. Man muss sich zur Freiheit *ermächtigen – sich dafür entscheiden* – und *Verantwortung* übernehmen. Macht, Freiheit und Verantwortung stehen in einem einander konstituierenden trigonalen Verhältnis: Die Verantwortung der Macht ist es, auf den Erhalt der Freiheit zu achten. Erkennt die Macht nicht ihre Verantwortung und achtet sie nicht auf den Erhalt der Freiheit, verwandelt sie sich in Herrschaft und legitimiert Widerstand. Freiheit ist zwar mächtig und Macht frei. Aber Freiheit kann nicht herrschen, weil Herrschaft Freiheit beseitigt. In den Worten des Dichters Erich Fried (1991, S. 12): »Zu sagen / ›Hier herrscht Freiheit‹ / ist immer / ein Irrtum / oder auch / eine Lüge: / Freiheit herrscht nicht«. Herrschaft ist destruktive Macht, die die Freiheit missachtet und die Möglichkeiten anderer reduziert. Herrschaftsbeziehungen manifestieren sich immer auf Kosten der Autonomie einer Seite der Beziehung und spiegeln ein starres asymmetrisches Verhältnis. Während die verantwortliche Macht auf kooperativen Verhältnissen (vgl. das Kapitel »Kooperation als Eigenfunktion«, S. 118) aufbaut, findet man auf der dunklen Seite der Macht ein Konkurrenzdenken, das auf Verdrängung anderer abzielt. Und das ist der Boden, auf dem sich Herrschaftsbeziehungen bilden. Soziale Herrschaft ist mit Luhmann eine äußerliche Zutat des Konkurrenzsystems, eine Art »feudaler Rest«.

Positive Machtbeziehungen zeichnen sich durch die Notwendigkeit des Durchhaltens der Paradoxie aus, dass sie *gleichzeitig* sowohl symmetrisch als auch asymmetrisch sind. Der asymmetrische Aspekt – Paul Watzlawick spricht von komplementären Beziehungen – stellt der Dominanz eines superioren Kommunikationspartners die Unterordnung eines inferioren Partners gegenüber. Wobei die Begriffe superior und inferior nicht wertend gemeint sind, denn aufgrund ihres Menschseins beanspruchen alle Menschen dieselben Rechte, verdienen alle dieselbe Achtung ihrer Menschenwürde. Komplementäre Beziehungen gründen auf Ungleichheiten, die durchaus Sinn ergeben – zum Beispiel Therapeut–Klient, Lehrer–Schüler, Mutter–Kind, Vorgesetzter–Untergebener oder Arzt–Patient. Das asymmetrische Element ist Bedingung der Möglichkeit, dass in der

Beziehung auch entschieden und gehandelt werden kann, und gibt vor, »wer was darf, worum es geht und wie lange es dauert« (Baecker, 2008, S. 630).

In asymmetrischen Beziehungen gilt es, Transparenz über Entscheidungsstrukturen herzustellen und ihre Grenzen deutlich zu machen. Denn: »Jede asymmetrische Beziehung ist heute eingebettet in eine symmetrische Beziehung, die mit der Option, die Beziehung zugunsten einer anderen aufzukündigen, die Art und Weise moderiert, wie sie gelebt wird« (Baecker, 2008, S. 627). »Die Symmetrie«, so Baecker weiter, »erübrigt [jedoch] die Asymmetrie nicht, das wäre ein Irrtum in der naiven Hoffnung, dass jeder über alles Bescheid wissen kann, aber sie erlaubt es, immer wieder neu auszuhandeln, wie viel Asymmetrie aus welchen Gründen mit welchen Absichten erforderlich ist« (Baecker, 2008, S. 630). Die Paradoxie von Symmetrie und Asymmetrie in Machtbeziehungen zu entfalten bedeutet in der Praxis, Abmachungen zu treffen – mit sich selbst und anderen – und *gleichzeitig* die symmetrische Grundlage aller dabei konstruierten Asymmetrien mitzuführen (vgl. Blume, 2012, S. 138). Doch positive Macht setzt bei den Beziehungspartnern vor allem Kompetenz (die weiter unten als 2nd-Order-Kompetenz bezeichnet wird, vgl. das Kapitel »2nd-Order-Kompetenz als neue Lebenskunst«, S. 103) voraus, die es freilich erst einmal zu entwickeln gilt – womit wieder auf das Erziehungssystem zu verweisen ist, dem eine Schlüsselfunktion in der gesellschaftlichen Implementierung der Ethik zugesprochen werden muss (vgl. Blume, 2012).

Individuelle Selbststeuerung

Soll von Selbststeuerung die Rede sein, so gilt es in einem ersten Schritt zu *sehen,* dass man blind ist und eben nicht sieht, was die eigene Steuerung steuert und den Willen dominiert, wenn man auf naive Weise meint, frei zu sein. Erst das Sehen des blinden Flecks führt zur Frage nach dem Was, das er verbirgt.

Wer oder was steuert die eigene Steuerung? Da die Steuerung autopoietischer Systeme freilich immer Selbststeuerung zum Zwecke der Selbstorganisation bedeutet, sei die Frage anders formuliert: Wer sitzt auf der Kommandobrücke der eigenen Steuerung? Wer besetzt das Selbst der Selbststeuerung? Wer ist die Instanz, die entscheidet, dass der Wille frei ist? Und: Wie frei ist der Wille *wirklich*, wenn man (die Instanz der Selbststeuerung) sich dafür entscheidet, dass er frei ist?

Als Kandidat für das Selbst der individuellen Selbststeuerung kommt freilich nur das Bewusstsein infrage. Das Bewusstsein als jene stabile, inside the box lokalisierbare und autonome Instanz, die sich ihrer selbst bewusst ist und die ein Beobachter als sein Ich oder Selbst bezeichnet (vgl. Shortcut 12, S. 98). Diesem Ich oder Selbst schreibt der Beobachter auch die Zuständigkeit für die Steuerung des Willens zu. Aber sind es nicht vielmehr die Triebe, Gefühle, körperlichen Befindlichkeiten oder Denkgewohnheiten, die tun, was *sie* wollen, und die den (autonomen?) Willen (des individuellen Bewusstseins) dominieren und steuern? Der Beobachter muss sich fragen: Wer bestimmt und steuert den Willen? Steuern die Triebe? Oder steuern die Emotionen? Oder der Intellekt? Oder steuere *ich* meinen Willen?

Eine altbekannte Metapher bringt das Problem anschaulich zum Ausdruck: Eine Kutsche, in der sich der Fahrgast – der »Herr« – befindet, wird von Pferden gezogen und von einem Kutscher gelenkt. In diesem Gleichnis repräsentiert die Kutsche den Körper und die Wahrnehmung, die Pferde entsprechen den Affekten und Gefühlen, der Kutscher dem Denken und der Herr dem Bewusstsein (dem Ich oder Selbst), dem der freie Wille zugeschrieben wird. Alle Teile zusammen machen den Menschen aus, kein Teil darf fehlen. Ist die Kutsche schlecht gewartet, der Kutscher zerstreut, betrunken oder übermüdet, sind die Pferde störrisch, so kann der Herr tun, was er will, er wird sein Ziel nicht erreichen. Stattdessen wird er dorthin gelangen, wohin die Pferde durchgehen oder ein verwirrter Kutscher lenkt – mitunter auf Irrwegen, im Kreis herum oder durch so schwieriges Gelände, dass die Kutsche Schaden nimmt oder sogar zerbricht. Emotionale, geistige und körperliche Erschöpfung sind das Resultat. Besonders delikat ist die Situation, wenn der Herr so tief und fest schläft, dass er gar nicht bemerkt, was abläuft. Wer übernimmt dann die Führung? Wer bestimmt, wohin es geht? Wenn er Glück hat, übernehmen ein kluger Kutscher oder intelligente Pferde das Regiment und die Kutsche bleibt unversehrt. Ohne Herrn aber fehlt die Absicht, fehlt das Motiv, hat das Gespann weder Ziel noch Sinn. Wenn der Herr also nicht aus seinem komatösen Zustand erwacht, nützt auch das beste Gespann nichts. Wenn der Herr jedoch wach ist, stellt sich primär die Frage, in welcher Beziehung er zu seinem Gespann steht. Auf welche Weise wirkt er auf sein Gespann ein? Denn nur eine gut instand gehaltene Kutsche, gesunde, zufriedene und gehorsame Pferde und ein kompetenter und aufmerksamer Kutscher bringen den Herrn, der weiß, wohin *er* will, rasch und ungefährdet an sein Ziel. Der Herr muss kraft seines Willens auf sein Gespann einwirken, die Steuerung seiner Steuerung übernehmen. Im Bewusstsein seiner absoluten Abhängigkeit von allen Teilen seines Gespanns wird er einen entsprechenden kooperativen Führungs- und Kommunikationsstil sich selbst gegenüber entwickeln, einen bestimmten Modus seiner Selbststeuerung und Selbstorganisation, des Umgangs mit sich selbst, der für alle Teile von Vorteil ist.

Der Herr tut auch gut daran, sich zu fragen, woher er denn überhaupt weiß, wohin er will beziehungsweise wohin er wollen könnte. Wer sagt ihm das? Sagt er sich das selbst oder sagen es ihm andere? In welchem Ausmaß unterliegt seine individuelle Selbststeuerung einer sozialen »Mega«- oder Metasteuerung, einer sozialen Fremdbestimmung, die heute auch technisch ermöglicht und vermittelt ist. Beherrschen beispielsweise die modernen Technologien – wie ein Smartphone – den Herrn in seiner Kutsche oder steuert und kontrolliert er das Gerät? Die im Steigen begriffene Zahl der an digitalem Burn-out Leidenden weist Ersteres nach – man spricht von einer »kollektiven Funktionsstörung. Aber keine Angst: Es gibt ja Apps, die das Smartphone-Suchtverhalten des »Homo digitalis« kontrollieren können (Markowetz, 2015).

Was also interessiert, ist die Frage, wie sehr das, was und wohin der Herr will, von ihm selbst bestimmt wird und wie sehr von seiner Umwelt.

Shortcut 12: Stufen des Bewusstseins

Bewusstsein als zentrale Steuerungsinstanz des Beobachters durchläuft – hier in Anlehnung an Gotthard Günther (1976) – unterschiedliche Stufen seiner Entwicklung (vgl. Tabelle 4, S. 99).

- *Reflexionsstufe null:* keine Reflexion
  Das Bewusstsein geht vollkommen im reflexionslosen *natürlichen Driften* (Maturana), in dem Sein im Strom des Lebens auf, es bleibt *vor*bewusst.
- *Reflexionsstufe eins:* Reflexion
  Erst die Reflexion auf das Sein im natürlichen Driften erzeugt ein Bewusstsein des Seins, das als »Ich« bezeichnet wird. Die Entwicklung des Ichs findet nach Lacan innerhalb des Spiegelstadiums (zwischen sechs und 18 Monaten) statt. Das Kind erkennt sich selbst im Spiegel und beginnt schließlich *Ich* zu sagen. Da sich das Bewusstsein dabei vollkommen mit dem Ich identifiziert, *ist* es zwar, aber es weiß noch nicht, *dass* es ist (Lacan, 1948/1986).
- *Reflexionsstufe zwei:* Reflexion der Reflexion = Selbstreflexion
  Indem das Ich zum Gegenstand (Objekt) der Reflexion wird, entsteht ein Bewusstsein vom Ich. Der Unterschied zu Stufe eins kommt im Englischen durch die Differenz *I and me* zum Ausdruck (während das Deutsche keine sprachliche Differenzierung des Ich erlaubt). Das Ich zeigt auf sich selbst und bezeichnet das Gezeigte als sein Ich. Das Bewusstsein *ist* jetzt nicht mehr bloß, sondern *weiß,* dass es ist – nämlich ein Ich *(ich bin ich, I'm me).* Das Bewusstsein ist sich seiner selbst bewusst, was nichts anderes als Selbstbewusstsein bedeutet.
- *Reflexionsstufe drei:* Reflexion der Selbstreflexion
  Durch die Reflexion der Selbstreflexion entsteht ein Bewusstsein, das sich seines Seins als eines Selbstbewusstseins bewusst wird. In seiner Reflexion wird das *»Ich bin ich«* zum *»Ich bin (der), der ich bin«* – zum *Selbst,* das mit diesem *Der* die Statik des tautologischen *»Ich bin ich«* durchbricht und seine Notwendigkeit zur fortgesetzten Selbstbestimmung als Möglichkeitsraum seiner Freiheit und Verantwortung erkennt. Der Begriff des Selbst ist mit Heinz von Foerster, »die engste und letzte Spielform der Zirkularität des Ich« (von Foerster u. Pörksen, 2004, S. 95). Die

Reflexion der Reflexion der Reflexion ad infinitum beschreibt einen zirkulären fortlaufenden Prozess – eine Eigenfunktion –, der das *Selbst* als Eigenwert produziert. Die Konsolidierung des Bewusstseins auf dieser Stufe bedeutet mit Gotthard Günther »the highest and richest representation of subjective selfreflection« (zit. nach Pusch, 1992, S. 102).

Tabelle 4: Entwicklungsstufen des Bewusstseins

Entwicklungsstufe	Reflexion	Objekt der Reflexion	Bewusstsein	
0	keine Reflexion		vorbewusstes *Sein*	natürliches Driften
1	Reflexion	vorbewusstes *Sein*	*Bewusstsein*	Ich (bin)
2	Reflexion der Reflexion = Selbstreflexion	*Bewusstsein*	Bewusstsein des Bewusstseins = *Selbstbewusstsein*	Ich bin ich (I'm me)
3	Reflexion der Selbstreflexion	*Selbstbewusstsein*	Bewusstsein des Selbstbewusstseins = *Selbst*	Ich bin, der ich bin.

Selbstbestimmung = Selbstbestimmung/ Fremdbestimmung

Lückenlose Fremdbestimmung würde bedeuten, den Menschen durch Verhaltenstechnologien vollkommen zu beherrschen und zu kontrollieren. Der Mensch wird hier zur berechenbaren, voraussagbaren Trivialmaschine (vgl. Shortcut 13, S. 101) stilisiert, die nicht frei, daher aber auch nicht satisfaktionsfähig ist. Er kann dann zwar sehr wohl etwas verursachen und bewirken, aber er kann dafür nicht zur Verantwortung gezogen werden. Die Verantwortung verschiebt sich auf den Fremdbestimmer, den »Trivialisateur«, den (nichttrivialen) Programmierer und den Nutzer des trivialen Menschen, der entscheidet, wofür er ihn einsetzen möchte. Der Science-Fiction-Film »Matrix« der Wachowski-Geschwister lässt grüßen.

Vollkommene Selbstbestimmung kann es aber, wie wir gesehen haben, auch nicht geben, denn von Anfang seines Lebens an ist der Einzelne auf ein soziales Umfeld angewiesen, um sich selbst entwickeln zu können. Er ist immer ein Produkt von Sozialisation und Erziehung. Fremdbestimmung lässt sich grundsätzlich nicht vermeiden. Selbstbestimmung und Fremdbestimmung sind daher keine Frage von Entweder-oder, denn beide Seiten der Differenz können nur zusammen als Einheit gedacht werden.

Im Gegensatz zu anderen Lebewesen ist es dem Menschen möglich, sowohl Selbst- als auch Fremdbestimmung reflektierend zu erkennen und sich seiner Bestimmungsdynamik bewusst zu werden. Im ethischen Sinn kann – und muss – der Mensch selbst entscheiden, ob und in welcher Weise er seine heteronomen Einflüsse bejahen oder negieren möchte und in welches selbstbestimmte Verhältnis er sich zu beiden Seiten der Differenz – zum Sich-selbst-Bestimmen und Sich-bestimmen-Lassen – setzen möchte. In der Sprache Spencer-Browns gilt es, die Differenz Sich-selbst-Bestimmen/Sich-bestimmen-Lassen als Re-entry auf einer Seite der Differenz wiedereinzuführen (vgl. Abbildung 10).

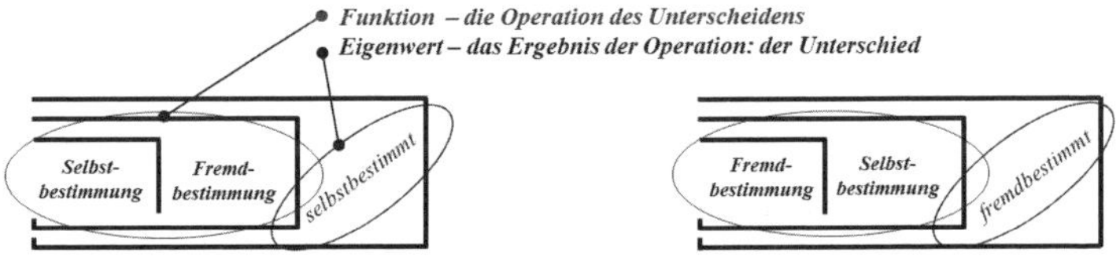

Abbildung 10: Re-entry der Differenz Selbstbestimmung/Fremdbestimmung

Wird das Re-entry auf der Seite des Sich-selbst-Bestimmens vollzogen, hat man sich also für Freiheit entschieden, werden heteronome Einflüsse in den Dienst der Selbstbestimmung gestellt beziehungsweise unter deren Kontrolle gebracht. Das autonome Individuum entscheidet selbstbestimmt, ob und wie es die Einflüsse von außen (soziale Ressourcen) nutzen, annehmen, kontrollieren, begrenzen oder ablehnen möchte.

Das Re-entry auf der Seite des Sich-bestimmen-Lassens hingegen bedeutet, dass jedes Sich-selbst-Bestimmen im Dienste und unter Kontrolle des Sich-bestimmen-Lassens steht. Man lebt beispielsweise nur noch für die Firma. Damit gibt man seine Freiheit auf – entmächtigt sich ihrer – und begibt sich mit all seinen Kompetenzen und Fähigkeiten in die Hände und unter die Herrschaft anderer, die an seiner statt Absichten, Ziele und Handlungen festlegen. Man macht sich zu deren Werkzeug und lässt sich für externe Zwecke instrumentalisieren. Ein Delegieren von Verantwortung funktioniert auf einer Ebene zweiter Ordnung allerdings nicht mehr: Denn wer sehenden Auges einer Anweisung oder einem Befehl folgt, tut dies notwendig in eigener Verantwortung.

Shortcut 13: Triviale und nichttriviale Maschinen

Es gibt Maschinen, die gesteuert werden, und solche, die sich selbst steuern. Im ersten Fall handelt es sich um triviale, im zweiten um nichttriviale Maschinen (vgl. Abbildung 11, S. 102) – wobei der Maschinenbegriff weit über den Bereich hinausgeht, den wir für gewöhnlich von Maschinen haben, denn er lässt sich verallgemeinern und auch auf Systeme oder Theorien anwenden.

Die triviale Maschine stellt einen linearen Wirkzusammenhang von Input, Operation und Output dar. Sie transformiert nach einem (extern) festgelegten Algorithmus Inputs in Outputs. Der Algorithmus in der Maschine bleibt stets derselbe, egal wie oft die Maschine operiert. Ein Toaster toastet, ein Auto fährt, eine Waschmaschine wäscht. Triviale Maschinen sind daher auch vergangenheitsunabhängig, ihr Verhalten ist voraussagbar.

Bei nichttrivialen Maschinen hingegen kann ein und derselbe Input bei wiederholter Anwendung zu völlig unterschiedlichen Outputs führen (und das, so Heinz von Foerster, macht sie so schrecklich unbeliebt). Jedes Mal, wenn die Maschine eine Operation durchführt, verändert sich auch ihr innerer Zustand, sodass, wenn die Maschine ein nächstes Mal operiert, das Ergebnis auch ein ganz anderes sein kann. Nichttriviale Maschinen operieren stets entsprechend ihrer aktuellen internen Struktur, die sich im Laufe ihrer Geschichte verändert und entwickelt. Nichttriviale Maschinen stellen den Prototyp autopoietischer Systeme dar, die also »durch eigene Operationen selbst bestimmen, wovon sie bei der anschließenden Operation ausgehen, also von Moment zu Moment immer neue Maschinen werden« (Luhmann, 2006, S. 21). Von außen ist es nicht möglich zu wissen, in welchem inneren Zustand die nichttriviale Maschine gerade operiert. Voraussagen über künftiges Verhalten können daher höchstens Wahrscheinlichkeiten erfassen (vgl. von Foerster, 1993b, S. 245 ff.). Denn Menschen sind nichttriviale Maschinen: Sie verändern sich, sind unzuverlässig, verhalten sich kontingent, unberechenbar, sind eigensinnig – aber lernfähig.

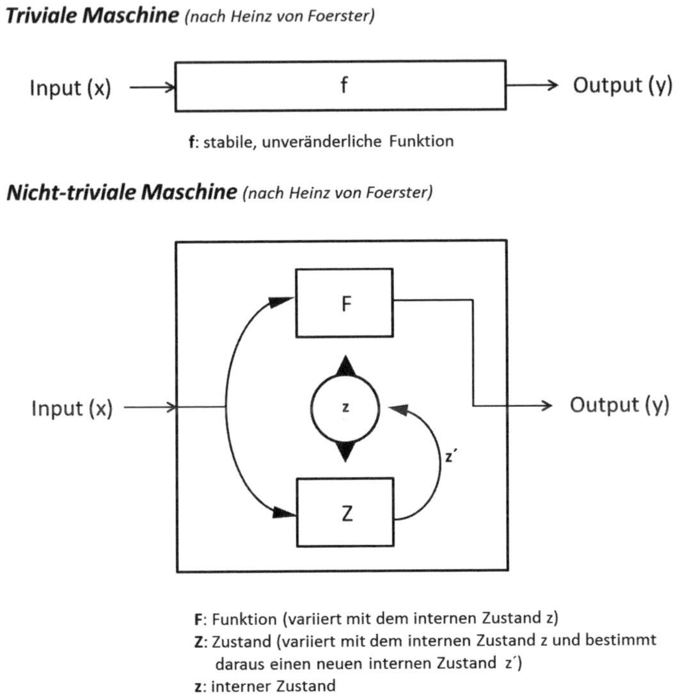

Abbildung 11: Triviale (a) und nichttriviale (b) Maschinen (nach Heinz von Foerster, 1993b, S. 245)

Ethische Kunst

Gestaltung ist Haltung.
Helmut Schmid, Grafiker

An die Ethik der antiken und modernen Lebenskunst (Foucault) anschließend, findet auch die implizite Ethik der systemischen Haltung ihren Ausdruck und ihre Verwirklichung in der Praxis einer ethisch-ästhetischen Selbst- und Lebensgestaltung, in der Konstruktion von Sinn und Wirklichkeit. Lebenskunst als ethische Lebenspraxis und Lebensgestaltung thematisiert den Zusammenhang von Erkenntnis, Ethik und Ästhetik. Der Begriff Ästhetik – abgeleitet vom griechischen Wort *aisthesis,* »sinnliche Wahrnehmung oder Empfindung« – geht in der Lebenskunst bei Weitem über eine Verengung auf eine »Theorie der Kunst«, die sich auf das »Schöne« in Unterschied zum »Hässlichen« bezieht, hinaus. In der ethischen Lebenskunst impliziert Erkenntnis Haltung und Haltung steuert Gestaltung. Und Gestaltung führt wieder zu neuen Erkenntnissen.

2nd-Order-Kompetenz als neue Lebenskunst

Von allen Lebewesen auf dieser Welt kann nur der Mensch sein Verhalten beeinflussen. Nur der Mensch ist der Architekt seines Schicksals. Menschen können durch die Änderung ihrer inneren Einstellung auch die äußeren Aspekte ihres Lebens gestalten.
William James

Um eigene Motive, Absichten und Handlungen selbstbestimmt und absichtsvoll verwirklichen zu können, bedarf es vor allem entsprechender Kompetenz. Wenn der Herr, um bei obiger Metapher zu bleiben, zwar weiß, wohin *er* will, heißt das noch nicht, dass er auch in der Lage ist, sein ganzes Gespann auf eine produktive Art und Weise zu steuern. Kompetenz steht nicht zufällig in engem Zusammenhang mit Eigenmacht.

Die Kompetenz zur Selbststeuerung meint aber nicht bloß ein kontrollierendes, sondern vor allem ein förderndes Einwirken auf sich selbst mitsamt seinem Gespann. Selbststeuerung schließt Begriffe wie Selbstkonstruktion, Selbst*er*findung, Selbstentwicklung, Selbststeigerung als kreativen Gestaltungsprozess ein.

Das bewusste Einwirken durch eigene Kompetenzen auf sich selbst unter Einbeziehung der Möglichkeit, andere (kontrolliert) auf sich einwirken zu lassen (analog zum Re-entry: Selbstbestimmung = Selbstbestimmung/Fremdbestimmung), bezeichne ich als 2nd-Order-Kompetenz. Als präzise Definition bietet sich an: 2nd-Order-Kompetenz ist die Kompetenz, mit den eigenen Kompetenzen *und* den eigenen Inkompetenzen kompetent umzugehen.

Die Idee, auf sich selbst gestaltend und formend einzuwirken findet man bereits in der Ethik der Selbstsorge (griech. *epimeleia heautou*), der Kultur des Umgangs mit sich selbst, in der das Individuum, wie Peter Sloterdijk sagt, »als Objekt direkter Selbstmodifikation durch eigene Maßnahmen geformt wird« (Sloterdijk, 2009, S. 589). Selbsterkenntnis und Selbstgestaltung beschreiben im Prozess der Selbststeigerung oder Selbstvervollkommnung *(oikeiosis)* einen zirkulären Zusammenhang – »keines der beiden Elemente darf zugunsten des anderen vernachlässigt werden« (Foucault, 1985, S. 39). Das reflexive Moment macht das Verhältnis zu sich selbst und zur Umwelt bewusst und eröffnet zugleich neue Horizonte und Möglichkeiten der Gestaltung.

Thema der 2nd-Order-Kompetenz ist ein unabgeschlossenes Programm der Selbstkreation als eine moderne Form der Ars Vivendi, die das Leben in all seinen Möglichkeiten und Dimensionen nicht nur als gegeben, sondern vielmehr als aufgegeben betrachtet. »Das ist Lebenskunst: Eine fortwährende Arbeit der bewussten Gestaltung des Lebens und des Selbst, um daraus ein Kunstwerk zu machen« (Schmid, 1998, S. 5). Das eigene Selbst und Leben zu einem Kunstwerk zu machen, meint nichts anderes, als dem Leben einen Sinn zu geben. Die Kunst, dem Leben einen Sinn zu geben. Die entsprechende Kompetenz dieser Kunst ist die 2nd-Order-Kompetenz. Denn die Frage nach dem Sinn des Lebens wird auf einer Ebene zweiter Ordnung zu einer Frage des Herstellens von Sinn, der Konstruktion von Sinn und Wirklichkeit: *The meaning of life is to give life a meaning.* Das Leben *hat* keinen Sinn, es sei denn, wir geben ihm einen.

Um einen Sinn schaffen, konstruieren zu können, bedarf es der 2nd-Order-Kompetenz, die mit all ihren ethischen Implikationen *die* zentrale menschliche Kulturtechnik darstellt. Zugleich nötigt uns Menschen unsere Bestimmung als 2nd-Order-Wesen dazu, positiven Sinn zu suchen und zu schaffen, wenn wir nicht an unseren eigenen Möglichkeiten scheitern wollen.

Der Möglichkeit des Scheiterns ist die Möglichkeit des Glücks gegenübergestellt – Glück als die »letzte Unverschämtheit«, wie Peter Sloterdijk sagt. Das Glück liegt nicht am Ende des Weges (wie bei Aristoteles) und darf auch nicht als ethische Belohnung verstanden werden, sondern stellt sich im Gehen des Weges ein. Dem Gestaltungsprozess selbst, dem Schaffen von Sinn als Lebenskunst durch 2nd-Order-Kompetenz, ist das eudaimonische Element immanent (griech. *eudaimonia,* wörtlich: »einen guten Dämon innewohnend haben«).

Indem sie an die Idee der antiken Lebenskunst anschließt, ist die Vorstellung der 2nd-Order-Kompetenz also keineswegs neu. Neu ist jedoch der Kontext, in dem die Entwicklung von 2nd-Order-Kompetenz zur Notwendigkeit wird. Denn in globalen Zeiten kann sie keine individuelle, einigen wenigen oder einer begrenzten Gruppe von Individuen (ob innerhalb der Polis oder unter den Philosophen) vorbehaltene elitäre Lebenskunst mehr sein, sondern muss zu einer *kollektiven* individuellen Kompetenz avancieren, deren Förderung allen an der globalen Kommunikation Beteiligten als »Erziehungsrecht« zugesprochen werden muss. Was wir heute dringend brauchen,

> »ist eine neue globale Philosophie, eine Philosophie menschlicher Selbstbezüglichkeit, die zu *bewusster Evolution* auffordert, weil eben das (durch die sogenannte Ökokrise) ohnehin *notwendig* scheint und vor allem aber, weil sich *bewusste* Evolution zunehmend als genau jenes Ziel zeigt, das die Evolution im Moment gerade durch den Menschen zu erreichen sucht. ***Es*** (das System!) stellt gerade um von *Zufall/Notwendigkeit* auf *Freiheit/Notwendigkeit,* wie Heinz von Foerster es so unvergesslich einprägsam

> formuliert hatte. Freiheit aber stellt die Frage nach der Absicht ihrer Nutzung, nach Verantwortung. In jedem einzelnen Individuum. Was in vergangenen Jahrhunderten gerade immer nur für ein paar Weise, Erleuchtete, Genies, Herausragende, Verinnerlichte (Hineinragende) und sonstige Begünstigte, Geförderte oder auch *selfmade Anthropotechniker* zugänglich war, diese in uralten Traditionen immer schon lebendige und erprobte *2nd-Order-Kompetenz,* soll aus ihren exklusivitätsbedingten Überschätzungen befreit und als neue globale Sozialisations*norm* das *Aus*-Bildungsziel für jeden Menschen werden« (Kropfberger, 2015, S. 142, Hervorhebung im Original).

Die basalen Instrumente und Technologien, auf die 2nd-Order-Kompetenz in ihrer Umsetzung zurückgreift, sind jene *Kulturtechniken* der Selbstthematisierung, die sich von allen anderen Techniken durch ihren potenziellen Selbstbezug unterscheiden. Es sind zugleich auch die archetypisch menschlichsten Werkzeuge, die Gattungsmerkmale des Homo sapiens: 2nd-Order-Reflexion und Sprache in ihrer 2nd-Order-Funktion. Diese Werkzeuge auch benutzen zu können, ist zwar bereits in der genetischen Struktur und biologischen Ausstattung des Menschen zugrunde gelegt, kann sich aber nicht zwangsläufig und unbedingt realisieren. Das Potenzial der biologischen Grundlage braucht das Soziale, um sich entfalten zu können. Die Anwendung der 2nd-Order-Werkzeuge erfordert Anleitung und will gelernt sein. Die durch 2nd-Order-Kompetenz erschlossenen Möglichkeiten erlauben es schließlich jedem Individuum, seine Konditionierungen durch primäre Sozialisation und Erziehung zu durchschauen und seine Kondition im Zuge bewusster Rekonditionierung selbst zu bestimmen.

2nd-Order-Reflexion

Mit der Emergenz des Bewusstseins von der Gewohnheitsnatur menschlichen Verhaltens ist die Schwelle erreicht, die, sobald sie sichtbar wird, auch schon überschritten werden muss. Man kann die Gewohnheiten nicht entdecken, ohne zu ihnen auf Distanz zu gehen – anders gesagt, ohne mit ihnen in einen Zweikampf zu geraten, in dem ermittelt wird, wer Herr im Ring sei.
Peter Sloterdijk

Die Grundlage der Entwicklung von 2nd-Order-Kompetenz ist die anthropologische Erkenntnis, dass der Mensch durch seine Fähigkeit, über sich selbst nachzudenken, auch an sich selbst arbeiten kann, um über sich selbst hinauszuwachsen, sich selbst zu steigern. Darin gründet auch die zentrale Technologie der 2nd-Order-Kompetenz: das Über-sich-selbst-Nachdenken, das Reflektieren der laufenden Reflexionen.

Der Begriff Reflexion (lat. *reflexio* »das Zurückbeugen, -biegen, -krümmen«) bedeutet, an etwas interessiert zu sein, etwas kritisch zu betrachten, über etwas nachzudenken. 2nd-Order-Reflexion – das Reflektieren zu reflektieren – meint, über das eigene Denken nachzudenken, die Art und Weise, wie man denkt, zu überdenken.

In der Entwicklung des menschlichen Reflexionsvermögens ist die Sprache das wesentliche Moment, denn wir haben zu unserem Denken keinen anderen bewussten Zugang als über unsere Sprache. Ohne die Möglichkeit der 2nd-Order-Reflexion könnten wir unseren gewohnheitsmäßigen Denkmustern, Glaubenssätzen, tradierten habituellen Meinungen nicht entkommen und würden dies nicht einmal bemerken. Wer im 1st-Order-Denken gefangen ist, ist eben blind der eigenen Blindheit gegenüber. Und wer sich Mühe gibt, die eigene Blindheit zu sehen, dem mag es gehen wie dem *Nino aus Wien* – ein österreichischer Musiker, Liedermacher und Literat –, der in einem Radiospot sagt: »Ich denke immer in denselben Bahnen. Ich glaube, das ist, weil ich immer denke, dass ich immer in denselben Bahnen denke. Manchmal denke ich mir dann: denk doch mal in anderen Bahnen. Aber das denke ich dann immer, also genau in denselben Bahnen. Deswegen denke ich immer in denselben Bahnen.«[5]

5 Zugriff am 23.09.2015 unter http://www.jvm.at/kunden/falter/gegen-monotonie/,

Indem der Nino aus Wien dies jedoch *sehen* kann, ist er nicht mehr blind und durchbricht die Endlosschleife seines gewohnten Denkens. 2nd-Order-Reflexion schafft Distanz zum Denken in denselben Bahnen. Es irritiert und relativiert Gewohnheitsmuster des Denkens, beunruhigt eigene Evidenzen und stellt bisher unhinterfragte Interpretationen der Wirklichkeit (auch der Sitte, der Moral) infrage. Erst wenn der Habitus des Denkens durchbrochen und die *blind* gesteuerte Absicht (der Wille, das Motiv) gesehen und dekonstruiert wird, wird man, um bei obiger Metapher zu bleiben, zum kompetenten »Herrn in der Kutsche« (vgl. nachfolgende Reflexion).

Reflexion 7: Der Herr in der Kutsche

Entsprechend der Metapher vom Herrn in der Kutsche setze man den Körper mit der Kutsche, die Emotionen mit den Pferden, den Mind (das Denken oder den Verstand) mit dem Kutscher gleich. Der Herr ist die Zentralinstanz der Steuerung des Willens, die das ganze Gespann befehligt: das Bewusstsein.

Die nun folgenden Skalierungsfragen reduzieren Komplexität und ermöglichen es, den Ist-Zustand einer an sich nicht objektiv messbaren Qualität auf der Grundlage der eigenen subjektiven Wahrnehmung einzuschätzen, zu quantifizieren, zu messen.

Beginnen Sie, indem Sie die Frage nach Kutsche, Pferden und Kutscher auf einer Skala von 0 bis 10 bewerten. 0 steht für den denkbar schlechtesten Zustand und 10 für den optimalen und denkbar besten Zustand.

- Wo (bei welchem Wert auf der Skala) würden Sie die Kutsche, Ihren körperlichen Zustand, momentan einordnen?

Es ist durchaus hilfreich zu überlegen, was man aktiv dazu beitragen könnte, Werte zu verschlechtern und – wenn Sie nicht schon bei 10 sind – zu verbessern:

- Was müssten Sie tun, damit sich der Wert leicht/stark verändert und Sie zu einer *niedrigeren* Bewertung (zum Beispiel um eine oder mehr Stufen tiefer) kommen?
- Was müssten Sie tun, damit sich der Wert leicht/stark verändert und Sie zu einer *höheren* Bewertung (eine oder mehr Stufen) kommen?

Skalieren Sie nach diesem Muster ebenso die Frage nach den Pferden (Ihrem emotionalen Zustand) und dem Kutscher (Ihrem Mind) und überlegen Sie, was Sie jeweils tun müssten, um die Bewertung zu verändern - zu verringern oder zu steigern.

Fragen Sie anschließend nach der Zentralinstanz, dem Bewusstsein, dem Herrn in der Kutsche und skalieren zunächst, wie sehr der Herr in der Lage ist und es ihm gelingt, sein Gespann - seine Kutsche, seine Pferde und seinen Kutscher - zu steuern.

- Auf einer Skala von 0 bis 10, wobei 0 gar keine und 10 maximale Steuerungsfähigkeit, maximale Einflussnahme auf sich selbst (auf Kutsche, Pferde und Kutscher) bedeutet - wo würden Sie sich momentan einordnen?
- Was müssten Sie tun, damit sich Ihre Bewertung verändert (verringert, steigert)?

Als nächstes interessiert, in welchem Ausmaß der Herr in der Kutsche weiß, was und wohin *er* (mitsamt seinem Gespann) will. Wie sehr ist sein Wollen durch die Umwelt geprägt und gelenkt, wie sehr durch ihn selbst? Stellen Sie daher die Frage:

- Wie hoch schätzen Sie das Ausmaß ein, in dem Sie Ihr *Wollen* - *was* Sie *wie* wollen - selbst bestimmen? Skalieren Sie wieder auf einer Skala von 0 bis 10, wobei 0 gar keine und 10 maximale Selbstbestimmung bedeutet.

Überlegen Sie auch, was Sie dazu beitragen könnten, um Ihre Bewertung zu verändern - zu verringern und zu steigern.

Last, but not least stellt sich die Frage, in welchem Ausmaß der Herr mitsamt seinem Gespann auch *tut,* was er will bzw. ohne zu wollen tut, wozu andere ihn bestimmen.

- Wie hoch schätzen Sie das Ausmaß ein, in dem Sie das, was Sie *tun,* auch selbst bestimmen? 0 bedeutet gar keine Selbstbestimmung des eigenen Tuns, 10 maximale Selbstbestimmung des eigenen Tuns.

Überlegen Sie wieder, was Sie dazu beitragen könnten, um Ihre Bewertung zu verändern - zu verringern und zu steigern.

Nicht-Tun der Gewohnheiten

Auch beim Geringsten, was wir absichtlich tun, z. B. kauen, ist das Allermeiste unabsichtlich.
Friedrich Wilhelm Nietzsche

In der Kosmologie des US-amerikanischen Ethnologen, Anthropologen und Autors Carlos Castanedas, der lange als Kultautor einer esoterisch orientierten Lesergemeinde galt und, seit Heinz von Foerster ihn zitiert hat, auch in Wissenschaftskreisen als salonfähig gilt, ist das gewohnte Tun nichts anderes als die kontinuierliche Kette von Handlungen und Gedanken, die den Regeln der gewohnten *Weltbeschreibung* folgen: »Die Welt ist die Welt, weil du weißt, welches Tun erforderlich ist, sie dazu zu machen. Würdest du sie nicht durch Tun zu dem machen, was sie ist, dann wäre die Welt anders« (Castaneda, 1993, S. 182). Das gewohnte »Tun« ist die Autopoiesis unserer Weltbeschreibung, die aus nichts anderem als der ganzen Entwicklungsgeschichte des Menschen gewoben ist, in die jeder Einzelne hinein sozialisiert wird. Sie ist Produkt eines Lernprozesses, der mit, aber zum Teil auch schon vor der Geburt einsetzt.

> »Jeder, der mit einem Kind in Kontakt kommt [...], sei ein Lehrer, der unaufhörlich die Welt erkläre, bis zu dem Augenblick, wo das Kind die Welt so wahrnehmen könne, wie sie ihm erklärt wird. Nach Don Juan haben wir keine Erinnerung an diesen folgenschweren Augenblick, einfach weil wir keinen Bezugsrahmen hatten, in dem wir ihn mit etwas anderem hätten vergleichen können. Doch von diesem Augenblick an ist das Kind Mitglied. Es kennt die Beschreibungen der Welt; und es erreicht, glaube ich, die volle Mitgliedschaft, wenn es in der Lage ist, alle seine Wahrnehmungen so zu deuten, dass sie mit dieser Beschreibung übereinstimmen und sie dadurch bestätigen. [...] Wir lernen über alles nachzudenken, und dann üben wir unsere Augen darin, die Dinge so zu sehen, wie wir über sie denken« (Castaneda, 1995, S. 8).

Castaneda berichtet im autobiografischen Erzählstil über seine Lehrzeit bei Don Juan, dem er im Rahmen ethnobotanischer Studien in der mexikanischen Sonora-Wüste erstmals begegnet und dessen Schüler er über drei Jahrzehnte lang wird. Don Juan Matus ist ein Yaki-Indianer, der in direkter Linie einer alten schamanistisch-magischen Tradition von Naguals (Zauberern und Sehern) steht. Castanedas Bücher stellen, schenkt man dem Autor Glauben, authentische Schilderungen jener Lehrmethoden dar, mit deren Hilfe Don Juan seinen Schüler in die Welt der Zauberer einführt und ihn den toltekischen Weg des Wissens lehrt. Eines der Kernstücke der Lehren des Don Juan ist Kunst des Sehens. Don Juan, der Castaneda immer wieder dessen Blindheit bezüglich bestimmter Aspekte der Wirklichkeit vor Augen führt, meint: »Ich verstehe nun, worin dein Problem besteht. Du kannst nur Dinge sehen, die du erklären kannst. Vergiss deine Erklärungen, und du wirst sehen« (Castaneda, zit. nach von Foerster, 1993b, S. 148). Indem es Castaneda schließlich gelingt, sich von seinem gewohnten Denken zu trennen, kann er einen Blick über den Tellerrand seiner alltäglichen Wirklichkeit werfen und seine Vorstellungen und Ansichten der Welt ändern. Nur wenn die Voreingenommenheit, die auf konditionierten Erklärungen und einem entsprechenden Denken in immer denselben Bahnen aufbaut, aufgegeben wird, so auch Heinz von Foerster, kann man (wieder) sehen und wird dabei immer wieder überrascht. Das gilt auch für das Sehen des anderen, der – solange wir unsere Beschreibungen, die wir von ihm angefertigt haben, festhalten – nichts anderes ist, »als eine Leinwand, auf die wir unseren Film über ihn, wie er ›wirklich‹ ist, projizieren« (Stölzel, 2015, S. 145).

Don Juans Strategie, zum Sehen zu führen, besteht im *Anhalten der Weltbeschreibung*, im Erschüttern der allzu festen Weltsicht und Weltbeschreibung seines Schülers Castaneda durch Handlungen und Kunststücke, die aus dem vertrauten Sehen und Denken herauskatapultieren sollen. Den Prozess des Anhaltens der Weltbeschreibung nennt Husserl die phänomenologische Reduktion oder »eidetische Reduktion«, den Versuch, sämtliche vorgefassten Vorstellungen und Ressentiments auszuklammern: »reines Schauen«, so wie es sehr kleine Kinder noch können. Oder: »Alles findet seine Antwort im Lauschen«, so der Schweizer Arzt, Psychotherapeut und Psychiater Samuel Widmer (1996, S. 16). Nicht um die Dinge geht es dabei, sondern um das Wie des Sehens.

Die Technik des Anhaltens der Weltbeschreibung ist in Castanedas Diktion das *»Nicht-Tun der Gewohnheiten«* (vgl. Castaneda,

1993): *Nicht-Tun* ist das bewusste Unterlassen oder Durchbrechen des Gewohnten, der Routinen, der habituellen Verhaltensmuster und Konventionen – Heidegger spricht von der Alltäglichkeit und der Durchschnittlichkeit des gewohnten Daseins, dem »Man, worin die Eigenheit und mögliche Eigentlichkeit des Daseins sich verdeckt hält« (Heidegger, 1923/1995, S. 85). Das »Nicht-Tun« soll den unbedachten und vielfach fremdbestimmten 1st-Order-Lebensfluss irritieren und eine Störung des Systems unserer Weltbeschreibungen bewirken, sodass sich ein völlig neues Sehen einstellen kann. Wenn es gelingt, ein Element der Kette der festgefahrenen Interpretationen der Wirklichkeit zu durchbrechen und zu verändern, so Castaneda, reißt die ganze Kette, und der Weg für neue Erfahrungen wird frei.

So gelte es, vor allem folgende Gewohnheiten durch Nicht-Tun zu durchbrechen:

- Das übersteigerte Wichtignehmen der eigenen Person. Die eigene Wichtigkeit hält uns ständig mit der Frage beschäftigt, wie wir auf andere wirken und was diese wohl von uns halten mögen. Daher fühlen wir uns auch häufig von anderen verletzt und gekränkt. »Du nimmst dich zu ernst. Du bist in deinen Augen zu verdammt wichtig. Das muss sich ändern. Du bist so gottverflucht wichtig, dass du glaubst, das Recht zu haben, an allem Anstoß zu nehmen«, so Don Juan (Castaneda, 1993, S. 35). Indem wir alles ausschließlich auf uns selbst beziehen, verstellt sich ein neutraler offener Blick auf die Welt. Die Gegenstrategie dazu ist Humor.
- Das zwanghafte Zweifeln – die Gewohnheit, Entscheidungen und Handlungen im Nachhinein zu bezweifeln oder zu bereuen. Die Gegenstrategie dazu ist, Verantwortung zu übernehmen. Wenn jemand »beschließt, etwas zu tun, dann muss er es durchführen, aber er muss die Verantwortung für das übernehmen, was er tut. Ganz egal, was er tut, er muss zuerst wissen, warum er es tut, und dann muss er zu seinen Taten schreiten, ohne an ihnen zu zweifeln oder sie zu bereuen« (Castaneda, 1993, S. 51).
- Das Sich-Sorgen-Machen um alltägliche Belange wie Geld, Kleidung, Ansehen usw. Die Gegenstrategie dazu ist, den Tod als Ratgeber zu nutzen. Angesichts des Todes verliert jene »verdammte Kleinlichkeit, die Menschen ansteht, die drauflosleben, als könnte der Tod sie nie ereilen« (Castaneda, 1993, S. 47), ihre Wirkung.

Eigendünkel, Selbstgefälligkeit und Hochmut und eine enorme Anzahl von Ängsten, Ärgernissen und Sorgen fallen von uns ab. »Denk jetzt an deinen Tod«, fordert Don Juan seinen Schüler auf: »Er steht in Armesweite. Er kann dich jeden Augenblick ereilen, du hast also wirklich keine Zeit für närrische Gedanken und Stimmungen. Keiner von uns hat Zeit für so etwas« (Castaneda, 1993, S. 50).
- Das unreflektierte Akzeptieren und Wiederholen des Gewohnten, das ausschließliche Leben in Routinen. Eine Gegenstrategie ist es, alltägliche Handlungen anders und ungewöhnlich auszuführen (z. B. mit der anderen Hand Zähne zu putzen, essen, wenn man Hunger hat und nicht zu den Essenzeiten, einen anderen Sitzplatz einnehmen, verkehrt herum im Bett schlafen usw.), ohne dies zur Gewohnheit werden zu lassen.

Die Königsdisziplin ist das Nicht-Tun des Denkens, das »Anhalten des inneren Dialoges« oder »Anhalten der Welt«. Die eigenen Gedanken bewegen sich in Form eines inneren Dialogs wie Fliegen, die monoton brummend um eine Lampe schwirren, immer in denselben Kreisen – oder Bahnen, wie der Nino aus Wien sagt. Der innere Dialog ist das, was uns in der Alltagswelt verankert, denn die Wirklichkeit der Welt ist wie sie ist, weil wir uns ständig vorsagen, dass sie ist wie sie ist. Gelingt es, den inneren Dialog anzuhalten, wird ein Bewusstseinszustand der Freiheit erreicht, vergleichbar dem buddhistischen *Satori,* jener Leerheit, die nicht durch das Eingreifen des Denkens und des Intellekts beeinflusst und damit begrenzt oder beschränkt ist. Ziel ist die Befreiung von inneren Interpretationsmustern der Wirklichkeit, um zu einer unvoreingenommenen Wahrnehmung der Welt (Realität) und einer bewussten Lebensweise zu gelangen. Für Alan Watts, der sich mit der Philosophie des Zen, des Buddhismus und des Taoismus befasste, besteht Lebenskunst weder im sorglosen Dahintreiben noch im angstvollen Festklammern an die Vergangenheit, sondern darin, jeden Augenblick völlig neu und einzigartig zu betrachten und das Bewusstsein offen und ganz und gar empfänglich zu halten.[6]

6 Vgl. Alan Watts (o. J.). Weisheiten und Zitate von Alan Watts. Zugriff am 31.05.2016 unter https://zentao.wordpress.com/2012/07/07/weisheiten-und-zitate-von-allan-watts/

Für die Praxis des Nicht-Tuns des Denkens bieten sich unterschiedliche Kontemplations- und Meditationsformen wie beispielsweise das »stille Sitzen« *(Zazen)* oder die Praxis der Achtsamkeit (vgl. nachfolgende Reflexion 9 »Praxis der Achtsamkeit«) an. Dass Meditation auch positive Auswirkungen auf die Hirnstruktur hat beziehungsweise mit einer Änderung des Gehirns einhergeht, kann durch wissenschaftliche Befunde belegt werden, etwa durch die Harvard-Psychologin Sara Lazar[7] oder durch Tania Singer vom Max-Planck-Institut für Kognitions- und Neurowissenschaften in Leipzig.

Aber auch die Beschäftigung mit unbeantwortbaren Fragen, mit paradoxen Denkfiguren wie der *ethischen Gretchenfrage* oder mit einem Koan führen zum Nicht-Tun des gewohnten Denkens. Als Koan wird im Zen-Buddhismus eine kurze Anekdote oder Sentenz bezeichnet, die den analysierenden Verstand an seine Grenzen bringt – wie folgende Beispiele demonstrieren sollen (Ciolek, 1995):

Reflexion 8: Koans

Was ist das Klatschen einer Hand? (Hakuins Sekishu)

Tao-hsin sprach zu seinen Schülern: »Was weißt du sicher?«

Ein gelehrter Mann kam zu Tao-hsin und fragte ihn: »Träumt die Welt den Menschen oder der Mensch die Welt?« Tao-hsin trank einen Schluck Wein.

Ein Gelehrter begab sich zu Tao-hsin und fragte ihn: »Was ist die Wahrheit?« Tao-hsin erwiderte: »Ein Wort – und kein Wort.«

Reflexion 9: Praxis der Achtsamkeit

Die Übung basiert auf der »Achtsamkeitsbasierten Stressreduktion« (Mindfulness-Based Stress Reduction – MBSR), einem von dem Molekularbiologen Jon Kabat-Zinn entwickelten Verfahren.

Nehmen Sie eine entspannte Sitzhaltung ein und legen Sie auf eine Ihrer Handflächen eine Rosine. Betrachten Sie jedes Detail,

7 Vgl. Sara Lazar (o. J.). Labor Forschung in Meditation. Zugriff am 04.05.2016 unter http://www.nmr.mgh.harvard.edu/~lazar/

berühren Sie sie, riechen Sie daran. Welche Farbschattierungen reflektiert die Oberfläche der Rosine? Wie fühlt sich ihre Konsistenz an? Wo mag sie wohl herkommen und wer mag wohl an ihrem Produktionsprozess beteiligt gewesen sein (Farmer, Gärtner, Pflücker usw.)?

Stecken Sie die Rosine nach ein paar Minuten in den Mund ohne draufzubeißen. Wie reagiert Ihr Mund auf die Rosine, wie fühlt sie sich auf Ihrer Zunge an? Wie heftig ist Ihr Impuls, sie zu zerkauen?

Nach einiger Zeit beißen Sie auf die Rosine und beginnen Sie, sie sehr sehr langsam und aufmerksam zu zerkauen – solange bis nichts mehr von ihr übrig ist.

Feedback

Was für psychische oder Bewusstseinssysteme 2nd-Order-Reflexion bedeutet, wird im Kontext sozialer Systeme als Feedback bezeichnet.

> »So wie in der Reflexion die Relation zwischen Denken und Denkinhalt bedacht und bewusst gemacht wird, so wird im Feedback die Relation zwischen Mitteilung und Verstehen als solche gespiegelt, also kommuniziert [...]. Und analog der Reflexion, die unser Denken befreit, indem sie dieses relativiert und mit neuen Möglichkeitsräumen (des Entscheidens) konfrontiert, ist der Feedbackprozess in der Lage, Kommunikation mit ihrer *Wirkung* vertraut zu machen und ihr dadurch alternative Möglichkeiten ihres Agierens (Operierens) nahezulegen. Dass dabei immer psychische und soziale Systeme in ihrer Kopplung zu beobachten sind, ist evident: Reflexion und Feedback interpunktieren einander. Kommunikation und Bewusstsein wachsen aneinander, befinden sich im Prozess gegenseitiger Steigerung« (Kropfberger, 2015, S. 232, Hervorhebung im Original).

Hinsichtlich der Qualität von Feedbackprozessen kommt es darauf an, wie sehr es den Teilnehmern gelingt, sich auf die Beschreibung der Wirkung, die eine Kommunikation auf sie hat, zu beschränken und keinerlei Interpretationen und Wertungen einfließen zu lassen. Eine Steigerung der Möglichkeiten aller Beteiligten durch Feedbackprozesse kann nur dann gelingen, wenn Ehrlichkeit und

Aufrichtigkeit den Prozess tragen. Sobald aber Abhängigkeitsverhältnisse – zum Beispiel wirtschaftliche – vor*herrschen*, verschwindet auch schon die Ehrlichkeit. Besteht beispielsweise das Risiko, seinen Arbeitsplatz zu verlieren oder durch Sanktionen welcher Art auch immer benachteiligt zu werden, ist wohl eher kritiklose Anpassung zu erwarten. Die Formel gilt: Je größer die Abhängigkeit, je mehr zu verlieren und je höher die Sanktionsgefahr ist, desto mehr Heuchelei und Unehrlichkeit sind zu befürchten. Der Lehrer ist beispielsweise auf die Rückmeldung über den Lernerfolg seiner Schüler angewiesen, um sein Lehrverhalten entsprechend anpassen und verbessern zu können. Schüler wiederum brauchen die Rückmeldung des Lehrers, um ihren Lernprozess entsprechend steuern, regulieren oder variieren zu können. Läuft der Schüler jedoch Gefahr, durch eine ehrliche Rückmeldung schlechte Noten zu bekommen, wird er sich hüten, Unwissenheit zuzugeben, sondern lieber schummeln. Unaufrichtigkeit stellt nicht nur ein Problem der Schule, sondern ganz allgemein jeder Organisation – und damit der Organisationsberatung – dar, weil notwendige Feedbackprozesse dadurch unterminiert und wichtige Informationen zurückgehalten werden. Was stattdessen dabei herauskommt, sind Lippenbekenntnisse, die keiner mehr ernst nimmt oder kontraproduktive »Alibifeedbackprozesse«.

Aufrichtigkeit und Ehrlichkeit setzen vor allem eines voraus: gegenseitiges Vertrauen. Vertrauen ist jedoch ein paradoxes Konzept, denn es stellt zugleich die Bedingung der Möglichkeit für Feedbackprozesse als auch deren Resultat dar.

Vertrauen als Entscheidung

Mangelndes Vertrauen ist nichts als das Ergebnis von Schwierigkeiten. Schwierigkeiten haben ihren Ursprung in mangelndem Vertrauen.
Lucius Annaeus Seneca

Vertrauen kommt dann ins Spiel, wenn es keine Sicherheit gibt. Wenn keine ausreichenden Erfahrungen aus der Vergangenheit vorliegen oder das Eintreffen eines bestimmten Ereignisses ungewiss ist. Mit Simmel (1992, S. 263) ist »Vertrauen der Name für das Unbestimmte zwischen Wissen und Nichtwissen«. Vertrauen lässt sich nicht begründen und ist ein riskantes Unternehmen. Aber ganz ohne Vertrauen in sich selbst, andere und die Welt ist praktisches Handeln nicht möglich. Ohne ein Minimum an Vertrauen, dass andere grundsätzlich wohlgesonnen und wohlmeinend sind, gäbe es überhaupt keine sozialen Aktivitäten. Man könnte die fehlende oder unzureichende Erwartungssicherheit nicht kompensieren und würde erst gar nichts tun. »Ohne jegliches Vertrauen aber könnte [der Mensch; R. B.] morgens sein Bett nicht verlassen. Unbestimmte Angst, lähmendes Entsetzen befielen ihn« (Luhmann, 1989, S. 1). Das Gegenteil von Vertrauen ist Angst: Je mehr Angst, desto weniger Vertrauen – und umgekehrt.

Vertrautheit stellt vergangenheitsbezogen das Maß an »gewachsener« Sicherheit dar, ein Maß an Urvertrauen. Darauf aufbauend kann sich Vertrauen auf eine ungewisse und nicht vorhersagbare Zukunft (mehr oder weniger) einlassen. Nur ein gewisses Maß an Vertrauen »ins Blaue hinein« ermöglicht und gewährleistet die Handlungsfähigkeit trotz Unsicherheit und Risiko. »Vertrauen überzieht die Informationen, die es aus der Vergangenheit besitzt und riskiert eine Bestimmung der Zukunft. […] Der vertrauensvoll Handelnde engagiert sich so, als ob es in der Zukunft nur bestimmte Möglichkeiten gäbe. Er legt seine gegenwärtige Zukunft auf eine zukünftige Gegenwart fest« (Luhmann, 1989, S. 20). Durch Vertrauen macht er »den anderen Menschen das Angebot einer bestimmten Zukunft, einer gemeinsamen Zukunft, die sich nicht ohne weiteres aus einer gemeinsamen Vergangenheit ergibt, sondern ihr gegenüber etwas Neues enthält« (S. 20).

Weil Vertrauen aber eben nicht begründbar ist und es keine Garantie dafür gibt, dass es sich bewährt, stellt es sich als ein prinzipiell unentscheidbares Problem, das man – entsprechend der 2nd-Order-Sicht – selbst zu entscheiden hat. Indem man sich für das Vertrauen entscheidet, verschwindet auch, so Heinz von Foerster (1993a), der Begründungsbedarf des Vertrauens. Die Entscheidung für das Vertrauen nennt Heinz von Foerster »Vorvertrauen«. Vorvertrauen ist das Vertrauen, das man in das Vertrauen setzt. Denn Vorvertrauen erzeugt nichts anderes als Vertrauen. »Ich vertraue dem anderen, und ich behaupte: Vertrauen ist ansteckend« (von Foerster u. Bröcker, 2002, S. 234).

Vorvertrauen bedeutet, sich bewusst dafür zu entscheiden, die Haltung des Vertrauens einzunehmen und sich entsprechend zu verhalten, indem man dem anderen etwas zutraut. »Ich werde die Idee nicht akzeptieren, dass der andere mich jetzt hereinlegen will oder dass der andere mir etwas sagt, wovon er weiß, dass es nicht der Fall ist« (von Foerster u. Bröcker, 2002, S. 322). Der Vorschuss und die Fiktion des Vertrauens wird genutzt, um zu »wirklichem« Vertrauen zu führen – analog zu Kants Fiktion der Mündigkeit und der Freiheit: »Dem Denker ist bewusst«, so Peter Sloterdijk (1993, S. 274), »dass man Menschen nur dadurch dazu verführen kann, Menschen zu werden, dass man sie vom ersten Augenblick ihres Daseins an wie Menschen im noblen Sinn des Gattungstitels behandelt. Der Philosoph ist ein preußischer Pygmalion, der die Menschheit im höflichsten Tone anspricht, als wäre sie nicht ein verwahrlostes zerkriegtes Agglomerat von bös-klugen Egoisten, sondern immer schon eine Gesellschaft mündiger Weltbürger.«

Vorvertrauen ist im Gegensatz zum naiven blinden Vertrauen jedoch ein reflektiertes Vertrauen, das stets die Möglichkeiten (und Unmöglichkeiten) aller Beteiligten antizipiert und mit in Betracht zieht. Vorvertrauen kann nicht jeden Bock zu einem guten Gärtner machen. Das Risiko der Enttäuschung bleibt bestehen. Zum Umgang mit Vertrauen gehört daher die Reflexion, denn durch Reflexion wird den Beteiligten die Verantwortung für das Vertrauen als fundamentale Beziehungsqualität bewusst. Reflexion und Feedback stellen das Gegenprogramm zu Kontrolle und Reglementierung dar. Denn soziale Kontrolle tendiert zur Herrschaft, schürt Angst und verhindert Vertrauen.

Kooperation als Eigenfunktion

Einer hackt Holz, und dreiunddreißig stehen herum –
die bilden die Zentrale.
Kurt Tucholsky

Ausdruck von 2nd-Order-Kompetenz auf der Ebene der Kommunikation sind superadditive Formen der Zusammenarbeit oder Kooperation (lat. *cooperatio*, »Zusammenwirkung, Mitwirkung«). Superadditive Formen der Kooperation unterscheiden sich von additiven und von subadditiven Konstellationen. Von additiven Konstellationen der Zusammenarbeit spricht man, wenn nicht mit-, sondern nebeneinander gearbeitet wird. Jeder macht das Seine. Jeder arbeitet für sich, getrennt von den anderen. Beispielsweise bewirtschaftet jeder Bauer seine eigenen Felder. Ein Ganzes entsteht daraus durch bloße Addition und spiegelt sich im Bild der Äpfel, Zwetschgen und Birnen, die die Bauern am Marktplatz nebeneinander aufstellen und feilbieten.

Superadditivität – Synonyme dafür sind Übersummativität und Fulguration – hingegen entsteht durch eine synergetische (griech. *synergía* oder *synergismós,* »die Zusammenarbeit«) Form des Zusammenwirkens. Übersummativ ist ein Ergebnis, das mehr als die Summe der Teile ist (vgl. Shortcut 2 »Systeme«, S. 26). Der Begriff Fulguration (lat. fulgur »Blitz«) oder »fulgurative Emergenz« (Füllsack, 2011, S. 290) meint das plötzliche Auftreten neuer Eigenschaften oder Strukturen in komplexen Systemen, die nicht durch die Eigenschaften der einzelnen voneinander isolierten Teile eines Systems bestimmbar und erklärbar sind. Die Emergenz dieser neuen Eigenschaften oder Strukturen geschieht alleine durch das Zusammenwirken der Elemente.

Superadditive Formen der Kooperation sind durch eine Kultur des »Einander-Förderns«, in der alle an der Kommunikation Beteiligten an einer Erweiterung der Möglichkeiten für alle orientiert sind, gekennzeichnet. Die superadditive Form der Kooperation bewirkt die Emergenz eines Mehrwerts, eine qualitative Steigerung der Kommunikation. Die Gruppenkompetenz oder kollektive Kompetenz als Emergenzphänomen ist stets mehr und anders als die Summe der einzelnen, voneinander isolierten Kompetenzen. »Dabei führt das Zusammenwirken der individuellen Kompetenzperformanzen dazu, dass sich die Problemlösungskapazitäten sowie die Selbststeuerungsfähigkeit der Gruppe bzw. des Kollektivs erkennbar und beschreibbar erhöhen« (Schmidt, 2005, S. 186).

Synergetische oder superadditive Konstellationen schließen auch eine positive Form der Konkurrenz nicht aus. Die Frage ist hier: Wer sorgt am besten für das Ganze? Eine positive Konkurrenz ist an einer Steigerung der Möglichkeiten des Ganzen und der Beteiligten orientiert und besitzt, so sie auch die Grenzen der Beteiligten berücksichtigt, durchaus stimulierende Wirkung. Im gelungenen

Fall werden alle dabei zu Gewinnern, niemand wird ausgeschlossen. Positive Formen der Konkurrenz können als Antrieb zur Selbststeigerung (sowohl der Individuen als auch der Kommunikation) und als Herausforderung betrachtet werden, die das Erfinderische und Kreative zum Wohle des Ganzen und aller beteiligten Individuen anzuregen vermögen.

Negative Konkurrenz hingegen treibt die Menschen auseinander, die dann nicht mehr mit-, sondern gegeneinander arbeiten. Sie ist auf das Verdrängen der jeweils anderen ausgerichtet. Die Frage ist, wer gewinnt und wer verliert das Spiel um die Wurst. Als subadditive Konstellation führt Verdrängungskonkurrenz (oder Haifischkonkurrenz) zur Reduktion von Möglichkeiten und Potenzialen, zu Verlusten – zu Submergenzen, der Eliminierung von Eigenschaften – auf allen Seiten.

> »Meine Behauptung über Kooperation als eine superadditive Konfiguration beruht darauf, dass bei der Kooperation das Maß der Summe der Teile größer ist. Eine kompetitive Konfiguration ist eine subadditive Konfiguration, weil am Ende weniger herauskommt als im anderen Fall« (von Foerster, 2002b, S. 45).

Heinz von Foerster verwendet zur Illustration dieser Gegenüberstellung eine mathematische Metapher (vgl. Tabelle 5, S. 121): Gegeben sind zwei Variablen: a und b. Die Operation, die durchgeführt werden soll, ist Quadrieren, das hier sehr plastisch als Metapher für Selbststeigerung erscheint. Man möchte von der Strecke zum Quadrat »emergieren« und multipliziert sich, wie es sich für selbstbezügliche Systeme auch geziemt, mit sich selbst. Dieser Selbstbezug gestaltet sich einmal als Nebeneinander, einmal als Miteinander und einmal als Gegeneinander.

Ist beispielsweise a eine Frau und b ein Mann und ihr Miteinander, ihr superadditives Zusammenwirken durch das Pluszeichen innerhalb der Klammer gekennzeichnet, so können sich beide von der Strecke zum Quadrat steigern. Sie werden Mutter und Vater – und produzieren zudem einen Mehrwert: Kinder. Auf der Ebene der Kommunikation emergieren neue Strukturen, eine Elternbeziehung und eine Familie.

Wird innerhalb der Klammer jedoch nicht miteinander, sondern gegeneinander gearbeitet, tritt der Mehrwert, der durch die Multiplikation in superadditiven Konstellationen gewonnen werden kann, mit negativem Vorzeichen in Erscheinung – als ein Mehr an Verlust oder ein Weniger an Wert. Potenziale werden nicht gewonnen und erschlossen, sondern verhindert und vernichtet.

Ein wesentliches Instrument, damit superadditive Strukturbildungen gelingen und schließlich zu einer Eigenfunktion der Kommunikation konvergieren können – als Äquivalent zum Halten der Haltung der Individuen –, stellen Feedbackprozesse dar.

Tabelle 5: Nebeneinander/Miteinander/Gegeneinander

Additive Lösungen	**Superadditive Lösungen**	**Subadditive Lösungen**
Neutrale Konkurrenz	Positive Konkurrenz als Antrieb (wer sorgt am besten für das Ganze)	Negative Konkurrenz als Verdrängung anderer
Nebeneinander	*Miteinander*	*Gegeneinander*
$a + b / ^2$	$(a + b) / ^2$	$(a - b) / ^2$
$a^2 + b^2$	$a^2 + 2ab + b^2$	$a^2 - 2ab + b^2$

Ethische Differenz

Als ein wesentliches Merkmal der Menschen möchte ich ihre ethische und ästhetische Anspruchslosigkeit bezeichnen.
Christian Morgenstern

Das Problem, das sich der Ethik stellt, tritt ihr vor allem in Gestalt der Dummheit entgegen. Dummheit ist das Antonym von 2nd-Order-Kompetenz. Schon in der Antike stellt *stultitia* (lat., »Dummheit, Torheit, Einfalt«) das Gegenteil einer Ethik der Selbstsorge dar. Die Stultitia übernimmt unreflektiert und naiv fremde Vorstellungen, lässt sich treiben, hat kein Ziel. Dummheit ist banal, sie folgt dem Selbstverständlichen, den Routinen des Alltags, hinterfragt nicht, stellt nicht infrage. Dummheit ist eine Form von Naivität, die ihre Unschuld verloren hat. Naiv meint »kindlich«, »ursprünglich«, »einfältig«, »harmlos«, »töricht«. Im Erwachsenenalter kann – im gesunden Fall – nur noch der naiv sein, der sein Denken beschränkt und es tunlichst vermeidet, einen zweiten Blick auf sich selbst zu werfen. Dummheit bezeichnet einen Habitus, etwas nicht nur nicht wahrnehmen und wissen zu können, sondern auch etwas nicht wahrnehmen und wissen zu wollen. Dummheit tritt häufig in Begleitung von Arroganz, Borniertheit und Narzissmus auf.

Dummheit ist vor allem eines: Sie ist gefährlich:

> »Man kann die ökologische Krise – und nicht nur diese – als Bestätigung dieses Diktums (dass Vernunft nur einen relativ bescheidenen Anteil an unserer Steuerung hat) lesen und käme damit wohl zum Schluss, dass fehlende Vernunft – oder positiv benannt: Dummheit – tatsächlich heute gefährlicher ist als je zuvor« (Kropfberger, 2015, S. 25).

Hannah Arendts »Banalität des Bösen« (1963/2011) ist eine Bezeichnung für die Dummheit, die Unfähigkeit, selbst zu denken, personifiziert in Adolf Eichmann, der keinerlei Zweifel und Gewissensbisse zeigte, weil er sein Denken (und damit sein Gewissen) an eine Herrschaft abgegeben hatte, der er sich als »kleiner Mann« freilich auch zu unterwerfen hatte. Und der damit, so seine Argumentation, nur dem gebotenen Gesetz gehorchte, was schließlich auch seine – wie jedermanns – Bürgerpflicht gewesen sei. Gehorsam ausführend, was ihm aufgetragen und befohlen, hatte er auch ein gutes Gewissen, denn er bemühte sich redlich, seine Aufgabe auch bestmöglich zu erfüllen. Das Banale des Bösen ist nichts anderes als das Triviale, genauer gesagt: das sich selbst auf das Triviale reduzierende Nichttriviale, das das eigenständige Denken ausschalten muss und damit erst gar nicht in Versuchung gerät, über das Denken nachdenken zu können – oder besser – zu müssen.

Auch in Stanley Milgrams (1982) Experiment zur Bereitschaft, Autoritäten gegenüber gehorsam zu sein, folgte mehr als die Hälfte der Versuchspersonen den Anweisungen, Lernmisserfolge mit Stromschlägen zu bestrafen, selbst dann noch, wenn ihr Handeln beim »Bestraften« äußerst schmerzhafte – bis hin zu (simulierten) letalen – Folgen zeigte. Die Möglichkeit, den Gehorsam auch zu verweigern, war faktisch gegeben, denn es wurde keinerlei Zwang ausgeübt, lediglich der Satz wiederholt: »Das Experiment fordert, dass Sie weitermachen.« Der Gehorsam der Probanden zeichnete sich nicht nur durch Blindheit gegenüber der (faktisch gegebenen) Freiheit und Möglichkeit der Verweigerung aus, sondern vor allem durch ihre Blindheit dieser Blindheit gegenüber. Die Frage der Freiheit und Wahl stellte sich erst gar nicht. Die Verantwortung suchten sie daher auch auf den Versuchsleiter zu delegieren. Denn wer sich selbst nicht als frei bestimmt, will (oder kann?) freilich von der Verantwortung auch nichts wissen.

Den Gehorsam aufrechtzuerhalten verursachte bei den meisten Probanden heftige innere Kämpfe, was an zahlreichen Stressreaktionen messbar war. Sich als nichttriviale Maschine trivial zu verhalten, trotz innerer Widerstände, ist also gar nicht so einfach. Aber ob einfach oder nicht, Dummheit ist gefährlich, weil sie eben blind der Blindheit gegenüber und höchst anfällig für jede Form von Manipulation macht. Dummheit ist banal und verhält sich trivial, indem sie, ohne zu hinterfragen, zuverlässig und berechenbar ausführt, was aufgetragen ist.

Zur Dummheit kann auch erzogen werden, Dummheit kann gelernt werden. Die entsprechende Strategie dazu ist die Trivialisierung des Nichttrivialen. Aber auch zum Gegenteil der Dummheit, zur 2nd-Order-Kompetenz, kann erzogen werden, auch 2nd-Order-Kompetenz kann gelernt werden. Als entsprechende Strategie und Gegenkraft zur Trivialisierung eignen sich Empowermentprozesse.

Empowerment/Trivialisierung

Mit dem Begriff der Trivialisierung bezeichnet Heinz von Foerster alle Prozesse, die zum Abbau des eigenständigen Denkens, zu einer Verkümmerung, Einschränkung, Verminderung, Reduktion von Komplexität innerer Zustände, zur Verdummung des natürlichen menschlichen Potenzials, führen. Man betreibt Trivialisierung, indem man auf bestimmte Inputs entsprechende Outputs konditioniert – zum Beispiel durch Drill und die Programmierung zum Gehorsam. Auch Angst (lat. *angustus,* »Beengtheit, Enge«; *angor,* »Würgen, Beklemmung«; *angere,* »die Kehle zuschnüren, das Herz beklemmen«) ist ein probates Mittel, das eng und berechenbar macht.

> »Wenn wir aber anfangen, einander zu trivialisieren, dann werden wir nicht nur alle bald blind sein, wir werden vielmehr blind gegenüber der Blindheit sein. Wechselseitige Trivialisierung reduziert die Anzahl der Lebensmöglichkeiten, ist also dem ethischen Imperativ, den ich eingangs formuliert habe, direkt entgegengesetzt. Die uns gestellte Aufgabe ist vielmehr: Enttrivialisierung« (von Foerster, 1993b, S. 361).

Gegenteilig zu Trivialisierung wirkt Enttrivialisierung. Hier sind therapeutisch-reparative Ansätze gefragt, die Dekonditionierung betreiben. Über die reparative Funktion hinaus gilt es im Sinne der Ethik jedoch auch emanzipativ wirksame Strategien zu entfalten, die zur Entwicklung von 2nd-Order-Kompetenz, zur Selbstbestimmung und zur bewussten Konstruktion von Sinn anregen. Als eine alternative und (vor allem) positive Formulierung von Ent- bzw. Nichttrivialisierung bietet sich in diesem Sinne der Begriff *Empowerment,* in dem sich in Verbindung mit der ethischen Haltung Freiheit, Macht und Verantwortung semantisch bündeln. Indem Empowerment nicht mehr »nur« mit dem klassischen Befreiungsgedanken der historischen Empowermentbewegung konnotiert, sondern als Instrument der globalen Menschheit zur positiven Selbststeuerung und Selbstbestimmung betrachtet wird, erhält der Begriff eine neue Dimension in vertikaler Richtung: Im Zentrum des Empowerments steht die Befähigung *(Ermächtigung)* zum eigenständigen Denken und dazu, sich selbst zur Freiheit zu ermächtigen und zur bewussten (Selbst-)Rekonditionierung im Kontext der soziokulturellen Umwelt zu gelangen. Genau das war auch die zentrale Idee Julian Rappaports (1985), einer der Galionsfiguren des Empowermentansatzes: Menschen zu ermutigen und zu qualifizieren, ihr Leben selbst zu bestimmen, den Grad an Autonomie und Selbstbestimmung zu erhöhen, um zu einem eigenverantwortlichen Entscheiden und autonomen Handeln in der Beziehung zum Du zu gelangen. Mit anderen Worten: Empowerment fokussiert auf die Entwicklung und Förderung von 2nd-Order-Kompetenz.

Das Ziel ist zugleich auch der Weg, denn zum Empowerment führen Prozesse des Empowerments. Man kann sich und andere zum Empowerment empowern. Und diese Empowermentprozesse nutzen und verbinden als ihre Grundlage die basalen Instrumente ethischer Kulturtechnik: Empowerment wird durch feedbackgesteuerte 2nd-Order-Reflexionsprozesse und 2nd-Order-reflexionsgesteuerte Feedbackprozesse betrieben.

Entsprechend der strukturellen Kopplung von System und Umwelt ist jedes individuelle Empowerment auf Kommunikation und das Vorhandensein entsprechender Umweltstrukturen angewiesen. Und umgekehrt: Jedes soziale System, das Empowerment strukturell ermöglicht, ist darauf angewiesen, dass die angeschlossenen psychischen Systeme mitspielen. Empowerment bezieht sich sowohl auf Prozesse des Empowerns psychischer Systeme als auch auf strukturell-organisationale Aspekte und kann nur dann gelingen, wenn beide Dimensionen zusammenwirken und ineinandergreifen. Nicht nur Mitarbeiter stoßen an Grenzen und Möglichkeiten, die durch die Organisation definiert sind. Umgekehrt gilt dasselbe: Organisationen stoßen an jene Grenzen, die durch die individuellen Möglichkeiten und Potenziale ihrer Mitglieder bestimmt sind.

Individuum und Organisation können entweder gemeinsam oder gar nicht empowern. Denn »wie in einer fraktalen Apfelmännchen-

Struktur wird die Kommunikationsform der Organisationsebene auf die Interaktionsebene kopiert. Wie in einer Kettenreaktion struktureller Kopplungen zwischen Organisation, Interaktion und psychischen Systemen werden die Muster Trivialisierung oder Empowerment durchgereicht«, so Wolfgang Dür (2008, S. 231). Der Prozess des Empowerments muss von beiden Seiten getragen werden.

Im Idealfall koppeln Empowermentprozesse Bewusstsein und Kommunikation auf eine Weise, die für beide Systemtypen einen positiven Mehrwert und Synergiegewinne generiert und einen Circulus creativus entstehen lässt. Auf der einen Seite werden Prozesse des Lernens von 2nd-Order-Kompetenz, auf der anderen superadditive kooperative Strukturbildungen begünstigt und angeregt.

Gerade weil das Empowermentkonzept Individuum, Organisation und Gesellschaft zu einem kybernetischen Regelkreis verbindet und auf die Veränderung und die Steigerung des Ganzen abzielt, eignet es sich zur Operationalisierung und gleichzeitig als ideales Implementierungsinstrument der systemischen Ethik. Als gesellschaftspolitisches Konzept betrachtet, geht es im Empowerment weder darum, »die Gesellschaft einseitig an die Bedürfnisse und Ansprüche der Individuen anzupassen«, noch um eine einseitige Nutzbarmachung »individueller Energien physischer und psychischer Art für die Erfordernisse funktionaler Prozesse«, also darum, »Individuen an die Bedingungen der Gesellschaft mit ihren dominanten kapitalistischen Formen anzupassen« (Dür, 2008, S. 146). Es geht vielmehr um das Verhältnis gemeinsamer Steigerung von Individuum und Gesellschaft, deren Dialektik als Synthese schließlich eine globale Organisation ihrer Organisationen ermöglicht, in dem die Machtverhältnisse tariert und neu bestimmt werden können. Empowerment soll dahin führen, den herrschenden Spielen der Macht mit einem wachen und kritischen Auge gegenüberzustehen und Herrschaftsspiele gleich welcher Prägung zu verhindern. »Die Forderung nach mehr Empowerment entspricht daher der Forderung, die Zugänge zu Macht und Ressourcen in allen gesellschaftlichen Bereichen neu zu gestalten und Macht, die als eine wesentliche soziale Ressource angesehen wird, umzuverteilen« (Dür, 2008, S. 145).

Re-entry der Differenz

Aber kommt man vollkommen ohne Trivialisierung aus? Muss nicht auch hier das systemische Sowohl-als-auch gelten?

Statt auf Trivialisierung auf Empowerment zu setzen, bedeutet keinesfalls, dass auf das Prinzip der Trivialisierung – als Mittel zur Komplexitätsreduktion von psychischen und sozialen Prozessen und zur sinnhaften Relationierung von Bewusstsein und Kommunikation – auch nur irgendwie verzichtet werden könnte. Was allerdings gefordert ist, ist 2nd-Order-Kompetenz, also der Blick auf die Unterscheidung von Empowerment- und Trivialisierungsprozessen. Aber jedes Individuum muss sich zunächst die Entscheidungskompetenz zur Wahl der jeweils angebrachten Verhaltensform (trivial/nichttrivial) als Basis jeglicher Möglichkeit zur Freiheit erarbeiten, um schließlich sowohl triviales als auch nichttriviales Verhalten als je eigene Wahl verantworten zu können (vgl. Blume, 2012, S. 189 f.). Differenzlogisch geht es um die Entscheidung für das Re-entry der Differenz Empowerment/Trivialisierung auf einer der beiden Seiten (vgl. Abbildung 12).

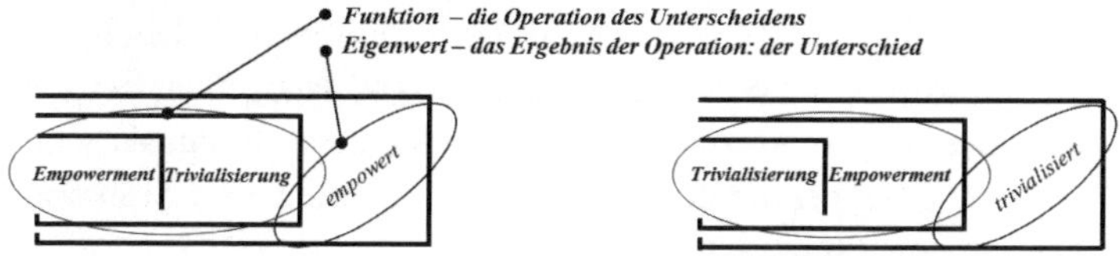

Abbildung 12: Re-entry der Differenz Empowerment/Trivialisierung

Das Re-entry auf der Seite des Empowerments meint nicht Ausschluss von Trivialisierung, sondern ihren Einschluss, sodass Trivialisierung im Dienste und unter Kontrolle des Bewusstseins steht.

Jedes Einüben von Fertigkeiten (wie Schreiben, Lesen, ein Musikinstrument zu spielen) entspricht einem Trivialisierungsprogramm, das jedoch im Dienste des nichttrivialen Selbstausdrucks (als dessen Möglichkeitsraum) zu verstehen ist. Ein Höchstmaß an Trivialisierung bedeutet die Perfektion einer Fertigkeit, zum Beispiel in der Beherrschung eines Instruments. Ob die Virtuosität aber auch kreativ (nichttrivial) ist, das hängt jeweils vom Spieler ab, das heißt vom Ausmaß an Nichttrivialität, die in seinem Spiel zum Ausdruck kommt: Denn wenn es um perfektes Können geht, ist zweifelsfrei die Maschine dem Menschen überlegen.

Ein Re-entry der Differenz Trivialisierung/Empowerment auf der Seite der Trivialisierung heißt, das Empowerment in den Dienst und unter Kontrolle der Trivialisierung zu stellen. Dies stellt eine schizophrene Denkfigur dar, denn es bedeutet »zum Trivialen ›empowern‹«. Das Paradebeispiel dafür ist das Erziehungssystem, nicht umsonst bezeichnet Heinz von Foerster Schulen als »staatliche Trivialisierungsanstalten«. Ein triviales Bildungssystem ist primär output-fixiert, wobei die geforderten oder gewünschten Outputs durch ein Bewertungssystem eindeutig bestimmt werden (zum Beispiel durch PISA-Studien). Durch Bewertung wird Selektion betrieben. Gegen die Selektionsfunktion steht aber die primäre und eigentliche Aufgabe der Erziehung: Schüler zu mündigen, freien und verantwortlichen Menschen zu »empowern«.

> »Die Schule ist in gewissem Sinne die Einheit zweier Funktionen, die in der pädagogischen Reflexion nicht mehr integriert werden können, nämlich der Funktion der Erziehung und der Funktion der sozialen Selektion – sei es für weiterführende Erziehung, sei es für Berufe im Wirtschaftssystem. Als Pädagoge hält der Lehrer sich nur für Ausbildung und Erziehung zuständig, als Schulmann betreibt er mit dem Urteil, das er kommuniziert, Selektion« (Luhmann, 2002, S. 58).

Das Problem liegt im Doublebind, das durch diese Paradoxie in der Praxis für Lehrer und Schüler entsteht. Doublebinds zeichnen sich durch vier Bedingungen aus: Eine Wahl ist nicht möglich, aber gefordert. Die Metakommunikation über die Paradoxie ist nicht erlaubt. Die Möglichkeit, der Aufforderung nicht Folge zu leisten, ist aufgrund eines Abhängigkeitsverhältnisses nicht gegeben und der Raum oder die Situation darf nicht verlassen werden.

Was bleibt also anderes übrig, als mit trivialisierenden Konstellationen umzugehen und entsprechende Strategien zu entwickeln. Schüler lernen, so zu tun, als ob sie trivial wären – und das ist zwar kein wünschenswerter, aber ein durchaus kreativer Akt. Was sie dabei lernen, ist Unaufrichtigkeit, Täuschen und Tarnen. Aber wer beschäftigt ist, so zu tun, als ob er trivial wäre, wird dabei versäumen, seine Nichttrivialitäten zu entwickeln, und zudem Gefahr laufen, ähnlich Goethes Zauberlehrling, die (Trivialisierungs-)Geister, die er rief, nicht mehr loszuwerden. Er wird sich mit »dem Virus« der Trivialität »infizieren« – und am Ende tatsächlich genauso trivial sein, wie er vorgegeben hat.

Das Re-entry auf der Seite der Trivialisierung stellt in dieser Sichtweise auch den archimedischen Punkt und kardinalen Systemfehler des Erziehungssystems dar. Wenn die Erziehung der nächsten Gesellschaft aber keinen grundlegenden Wandel ihrer paradigmatischen Differenz zugunsten des Empowerments vollzieht und hinter den Anforderungen der Zeit nach 2nd-Order-Kompetenz nachhinkt, steigt auch das gesellschaftliche Risiko (der Verdummung), auf die aktuelle Problemlage, die mittlerweile ein globales Ausmaß erreicht hat, *zu spät* reagieren zu können. Das Risiko betrifft nichts Geringeres als das Fortbestehen der Gesellschaft und die Zukunft des Menschen (vgl. Blume, 2012, S. 242).

Auch in der Supervision begegnet man oft einer Problemlage, die ein Re-entry auf der Seite der Trivialisierung impliziert. Das ist dann der Fall, wenn supervisorisches Empowerment einzelner Mitarbeiter oder Teams mit einer entgegengesetzten organisationsinternen Führungs- und Kommunikationslogik kollidiert. Der einzelne Mitarbeiter nimmt dann an einem Spiel teil, das von ihm fordert, seine Differenz von Trivialisierung/Empowerment auf der Seite der Trivialisierung wieder eintreten zu lassen. Aber auch der Supervisor steckt in diesem Fall in einer Zwickmühle, denn ist die Organisation sein Auftraggeber und der Mitarbeiter oder das Team sein Klient, dann muss er einerseits trivialisierende Konstellationen bedienen und sollte doch andererseits aufgrund seines professionellen Selbstverständnisses systemisches Empowerment betreiben.

Systemische Beratung als Ort der Ethik

Veränderung ist der Prozess,
der die Regeln der Vergangenheit auslöscht.
Heinz von Foerster

Der mit der Globalisierung und Technisierung einhergehende gesellschaftliche Wandel stellt psychische und soziale Systeme vor neue Herausforderungen und Probleme: von der digitalen Revolution über neue Arbeits- und Erwerbsformen bis hin zu persönlichen Lebensentwürfen und Identitätskonstrukten. Überall geht es um Change, Innovation und Transformation – sowohl für Individuen als auch für Organisationen. Es ist daher nicht verwunderlich, dass das allgemeine Bedürfnis nach Rat und Orientierung steigt. Professionelle Beratung boomt und ist mittlerweile in allen Lebens- und Gesellschaftsbereichen präsent, verfügbar und »anwählbar« – von Individuen, Familien, Gruppen, Teams, Organisationen. Peter Fuchs und Eckart Pankoke (1994) sprechen daher von der modernen Gesellschaft als *Beratungsgesellschaft.* Professionelle Beratung bietet »eine offenbar zeitgemäße Form der persönlichen und sozialen Be- und Verarbeitung von Modernisierungsprozessen an« (Engel, Nestmann u. Sickendiek, 2007, S. 34). Sie unterstützt Veränderungsprozesse psychischer und sozialer Systeme und trägt dazu bei, dass moderne Problemlagen, die mit dem gesellschaftlichen Veränderungsprozess einhergehen, von psychischen und sozialen Systemen auch positiv bewältigt werden können.

Die systemische Therapie und Beratung ist als Kommunikationspraxis im Sinne der Teil-der-Welt-Haltung Teil des gesamtgesellschaftlichen Veränderungsprozesses. Trotzdem ist die Entscheidung der systemischen Therapie und Beratung, sich für eine globale Ethik, eine Ethik der Gesellschaft zuständig zu sehen, vordergründig nicht ihr Hauptgeschäft und darf keinesfalls verordnet werden. Sie muss vielmehr an den einzelnen Praktiker zurückgespielt werden – womit wieder auf die ethische Gretchenfrage verweisen sei, die von jedem Einzelnen selbst zu beantworten ist. Systemische Praktiker müssen sich aber allein schon aus professionellen Gründen damit beschäftigen, denn der 2nd-Order-Blick ist schließlich ihr Metier.

In diesem Sinne stellt die systemische Therapie und Beratung gegenwärtig den gesellschaftlichen Ort dar, an dem das Potenzial der impliziten Ethik des systemischen Denkens sichtbar wird und praktisch zum Ausdruck kommt, sich realisiert und verwirklicht. Die Wirksamkeit dieses ethischen Potenzials steigert sich durch die methodisch-didaktische Aufbereitung und Verfeinerung, seine Ausdifferenzierung in ein Methodenspektrum und die Verpackung in ein professionelles Setting.

Wenn von *systemischer* Therapie oder Beratung gesprochen wird, ist damit der gemeinsame Nenner der Vielzahl unterschiedlicher systemischer Ansätze und Schulen gemeint – denn *die* systemische Therapie oder Beratung gibt es nicht. Sie ist vielmehr ein Oberbegriff, der »so etwas wie eine Klammer um eine Vielzahl von Modellen bildet, die durchaus auch in sich sehr heterogen sein können« (von Schlippe u. Schweitzer, 2007, S. 23). Diese Klammer oder der gemeinsame Nenner ist durch die Kohärenz systemisch-konstruktivistischen Theorien und Denkansätze – Systemtheorie, Konstruktivismus und Kybernetik zweiter Ordnung –, auf die sich diese unterschiedlichen Modelle berufen, gegeben.

Eingedenk der Differenzen werden hier unter dem Begriff »Beratung« verschiedene Beratungsprofile wie Therapie, Counseling, Supervision, psychosoziale Beratung, pädagogische Beratung, Coaching, Mediation, Organisationsberatung und -entwicklung subsummiert. Gemeinsames Merkmal ist die professionelle Unterstützung und Begleitung von psychischen und sozialen Veränderungs- und Transformationsprozessen.

Die Prinzipien systemischer Arbeitsweisen, die sich in der Beratung und Therapie bewährt haben und auf die Bezug genommen wird, lassen sich auch für andere Beziehungs- und Kommunikationskontexte entsprechend adaptieren und fruchtbringend anwenden. Hat man erst einmal die Logik und das Prinzip verstanden, wie systemische Kommunikationswerkzeuge funktionieren, kann man selbst kreativ sein und konkrete Methoden dem jeweiligen Kontext angepasst spezifizieren und entwickeln. Systemische Arbeitsweisen lassen sich im Klassenzimmer, in der Arztpraxis wie auch in persönlichen Beziehungen anwenden.

Das Ethische des Systemischen

Das implizit Ethische der systemischen Beratungspraxis spiegelt sich in der ethischen *Haltung, Absicht* und *bewussten Teilnahme* des Beraters an Veränderungs- und Transformationsprozessen psychischer und sozialer Systeme, in der Art und Weise, wie der Berater am Prozess teilnimmt, wie er handelt und interveniert.

Die bewusste *Haltung* gibt der Beratung ihre Grundorientierung. Systemisch betrachtet ist der Berater Teil des Beratungssystems, Teilnehmer am Beratungs- und Veränderungsprozess, der auf einer Ebene des Beobachtens erster Ordnung (hier und jetzt) stattfindet. Die Kunst der Beratung ist es, innerhalb dieser Ebene (erster Ordnung) die Beobachtungsebene zweiter Ordnung für sich selbst präsent zu *halten* (das *Halten der Haltung*), diese zu repräsentieren und in die Beratungs- und Veränderungskommunikation (Beobachten erster Ordnung) einzubringen, sie zu thematisieren, einzufordern und rückzumelden. Gelingt das nicht, wird der Berater zu einem weiteren Mittänzer im Problemtanz der Klienten, wirkt systemstabilisierend und trägt zur Aufrechterhaltung (oder zur Überkompensation) des Problems in der einen oder anderen Form bei. Aus den Problemtänzen der Klienten werden dann neue Spielvarianten, das »Gleiche in Grün«, die Wiederholung des gewohnten Musters in verkleideter Form (vgl. Varga von Kibéd u. Sparrer, 2000, S. 86).

Die beraterische *Absicht* fokussiert darauf, die Voraussetzungen herzustellen, die es den Klienten bzw. dem Klientensystem erlauben, sich selbst auf eine Weise zu reorganisieren, dass sich dabei die Möglichkeiten aller Beteiligten (entsprechend der Foerster'schen Formel) erweitern und steigern können. Die entsprechenden, jeweils konkreten *Handlungen* (Interventionen), die mit dieser Absicht einhergehen, mitsamt den zum Einsatz kommenden systemischen Technologien, fordern den 2nd-Order-Blick und kultivieren Empowerment.

Damit die beabsichtigten Veränderungsprozesse aber überhaupt stattfinden können, ist in erster Linie das Initiieren eines vertraulichen und vertrauensvollen Klimas gefordert. Die Strategie dazu ist, wie weiter oben beschrieben, Vorvertrauen. Der Berater muss Vorvertrauen herstellen (zuerst bei sich selbst), um damit als Katalysator vertrauensbildender Prozesse zu fungieren. Denn je größer das Misstrauen und die Angst (sowohl auf der Seite der Klienten als auch auf der des Beraters), desto geringer die Chance für das Gelingen ehrlicher Feedbackprozesse, die das Alpha und das Omega jedes Veränderungsprozesses kennzeichnen.

Die Absicht, die Möglichkeiten aller Beteiligten zu mehren, schließt freilich auch den Berater mit ein, der ebenfalls lernt und seine Möglichkeiten, seine Professionalität und seine Kompetenz steigert.

Das *Ziel* des Veränderungsprozesses geht in einem ethischen Sinne aber über das Lösen des Problems (Ziel), dessentwegen das Klientensystem die Beratung in Anspruch nimmt, hinaus, indem es darauf fokussiert, dass Klienten etwas über sich selbst und das eigenständige Lösen ihrer Probleme lernen können (Ziel des Ziels). Ein Problem (griech. *próblema*) ist »etwas, das [zur Lösung] vorgelegt wird«, eine Aufgabe, Fragestellung oder Streitfrage, deren Lösung mit Schwierigkeiten und Hindernissen verbunden ist. Beim Überwinden von konkreten Hindernissen kann man auch ganz allgemein etwas über das Überwinden von Hindernissen lernen. Probleme sind so verstanden nichts anderes als »verkleidete Möglichkeiten«. Indem das kreative produktive Potenzial von Problemlagen erkannt und für persönliches Wachstum, soziale Entwicklung und Veränderung genutzt wird, werden Probleme zu Herausforderungen, Möglichkeiten und Chancen, mithilfe derer 2nd-Order-Kompetenz, Selbstkompetenz und Veränderungskompetenz (Problemlösekompetenz) entwickelt werden können. In dieser Sichtweise fungiert das Beratersystem als (temporärer) »Ersatz« für die 2nd-Order-Kompetenz der Klienten und als Anreiz zur Entwicklung derselben.

Selbst- und Veränderungskompetenz meint auf der Ebene psychischer und sozialer Systeme die Fähigkeit zur selbstverantworteten Selbstbestimmung (Steuerung, Führung, Gestaltung, Transformation) im Kontext jener sozialen Prozesse, in die sie eingebunden ist. Für das soziale System, ob Familie oder Organisation, geht es um das Implementieren von Feedbackstrukturen und einer Kommunikationskultur, die auf Vertrauen basiert und für alle an der Kommunikation Beteiligten sowie für das soziale System Mehrwerte und Synergiegewinne entstehen lässt. Für Organisationen bedeutet dies (von subadditiven) auf superadditive kooperative Strukturen umzustellen oder, wie Gerald Hüther es in einem Interview formuliert, »die Sache vom Kopf auf die Füße zu stellen. Wir brauchen kein Change Management, sondern einen Richtungswechsel. Weg von der Ressourcenausnutzungskultur hin zu einer Potenzialentfaltungskultur.«[8] Eine Kultur, die entsprechend der Foerster'schen Formel, auf eine Expansion der Möglichkeiten ausgerichtet ist und vom Wissen um die ausschließlich gemeinsame Steigerbarkeit von Individuum und Gesellschaft getragen ist.

Alte und neue Tänze

Gemeinsam ist allen systemisch orientierten Ansätzen, Modellen und Schulen, dass sie immer das Verhältnis von Bewusstsein und Kommunikation thematisieren. Auch in einer Individualtherapie oder Einzelberatung muss der Berater Kommunikation nutzen, um den Klienten zu erreichen, dessen relevante Umwelt, den Kontext, er freilich miteinbezieht – wenn gar nicht anders möglich, zumindest virtuell und fiktiv. Denn die Ursache für das Entstehen von Problemen wird im systemischen Denken nicht im Individuum, sondern auf der Ebene seiner Beziehungen verortet und in den Dysfunktionen der Kommunikation (an die es, wie auch alle anderen Beteiligten, freilich gekoppelt ist) gesucht.

> »Es wird eine Ganzheit betrachtet, deren Elemente in einem Netzwerk von Wechselbeziehungen miteinander verbunden sind, in dem jedes die Bedingungen aller anderen bestimmt. Untersuchungsgegenstand sind dementsprechend Strukturen und Funktionen, die Beziehungen von Elementen innerhalb eines Gesamtgefüges, die Regeln der Interaktion, die Umwandlungen und Veränderungen von Systemzuständen und -strukturen« (Simon, 1999, S. 26).

---

8 Gerald Hüther im Interview mit Lufthansa Exclusive. Zugriff am 10.05.2016 unter http://www.gerald-huether.de/populaer/veroeffentlichungen-von-gerald-huether/zeitschriften/lufthansa-exclusive/index.php

Wie aber entstehen Dysfunktionen der Kommunikation, die Probleme erzeugen? Und wie können sie verändert werden?

Grundsätzlich gilt: Alleine schon aus Gründen der Selbsterhaltung sind wir darauf ausgerichtet und daran interessiert (und dafür spezialisiert, vgl. das Kapitel »Einheit *und* Anderheit«, S. 59), unser eigenes Verhalten mit anderen abzustimmen und zu koordinieren. Wobei es in der Verhaltenskoordination aber nicht nur um Konsens geht – auch jede Disharmonie, jede Kontroverse, jeder Konflikt stellt eine Form der Verhaltenskoordination dar. Für das gegenseitige Auslösen koordinierter Verhaltensweisen stellt die Sprache, die ihrem Wesen nach immer schon nach dem anderen greift, das zentrale Medium dar. Sie bietet die Möglichkeit, »aus einer unendlichen Anzahl möglicher Erfahrungen diejenigen herauszuschälen, die stabile Interaktionen mit anderen und mit uns selbst ermöglichen« (von Foerster, 1993b, S. 362). Auf diese Weise entwickeln Individuen ein stabiles Verhaltensschema jeweils in Bezug aufeinander, ein Eigenbehaviour oder Eigenverhalten (vgl. Shortcut 6, S. 51). Jedes Herausbilden von Eigenbehaviour ist immer mit der Reduktion von Komplexität verbunden und entspricht einer Form der Selbsttrivialisierung. Das ist nicht nur unvermeidbar, sondern stellt die Bedingung der Möglichkeit dar, dass Interaktionen nicht durch ein Übermaß an Information und Komplexität kollabieren, sondern auf eine Weise orientiert und koordiniert werden können, die den Zusammenhalt des Systems gewährleistet.

Analog des Eigenbehaviours auf Ebene der Individuen bildet sich auf der Ebene der Kommunikation ein Koordinationsmuster aus, das die Abstimmung der beteiligten (Eigen-)Verhalten steuert – die Eigenfunktion des sozialen Systems. Heinz von Foerster betrachtet eine beliebig große Anzahl interagierender nichttrivialer Systeme (in unserem Fall: psychischer Systeme) als operational äquivalent zu einem einzigen nichttrivialen System (dem Kommunikations- oder sozialen System), das rekursiv mit sich selbst operiert und dabei nach einiger Zeit stabile Muster hervorbringt.

> »Dazu kommt der Nachweis, dass diese Systeme in solchen Umständen dynamische Gleichgewichtszustände einnehmen – diese heißen z. B. Fixpunkte, Eigenwerte, Eigenverhalten, Attraktoren, fremdartige Attraktoren usw. –, welche die Stabilität beob-

> achteter oder hergestellter Dinge erklären können, ob diese nun Gegenstände sind oder Begriffe, Sprachen, Bräuche, Rituale, Kulturen usw. Alle diese entstehen dann, wenn Reflexivität, Rekursivität oder Zirkularität die Entität reproduzieren, über die sie operieren« (von Foerster, 1993b, S. 362).

Das Herauskristallisieren von Stabilität bringt den Vorteil, dass man sich in sozialen Situationen orientieren kann und dass ein bestimmtes Verhalten auch erwartbar wird (vgl. Shortcut 11, S. 76) – wenngleich dieses jedoch grundsätzlich nicht vorhersagbar bleibt, da es sich bei Menschen um nichttriviale Systeme handelt, die bekanntlich immer auch für Überraschungen gut sind.

Stabilität kann aber auch zum Nachteil werden, wenn damit Probleme, psychisches Leid oder Konflikte einhergehen und Teufelskreise, in die sich die einzelnen Beteiligten verstricken, entstehen und sich verfestigen. Jedes Element des Kreises ist Bedingung für die jeweils anderen Elemente – nach dem Muster: Immer wenn die Frau nörgelt, geht der Mann ins Wirtshaus. Immer wenn der Mann ins Wirtshaus geht, nörgelt die Frau. Diese kybernetische Kette aus Aktionen und Reaktionen kennzeichnet die Choreographie ihres gemeinsamen Problemtanzes. Indem die Beteiligten immer dieselben Tanzschritte wiederholen, verfestigt (perfektioniert) sich auch ihr Tanz – und damit ihr Problem. Da das System geschlossen ist und sich die Eigenverhalten der einzelnen Akteure aneinander orientiert ausbilden, kann auch nicht gesagt werden, wer den Problemtanz begonnen hat. Die Kommunikation ist nicht in Kausalketten auflösbar, denn sie verläuft kreisförmig. Sogenannte Anfänge sind immer subjektive Setzungen.

Die einzige Abhilfe ist, aus dem Teufelskreis herauszutreten und einen 2nd-Order-Blick auf den Problemtanz zu werfen. An dieser Stelle kommt die systemische Beratung ins Spiel:

»Wenn ich,« wie Heinz von Foerster sagt, »weiß, dass hinter diesen scheinbaren Trivialitäten tiefe Nicht-Trivialitäten lagern, kann ich mich an sie wenden und versuchen, eine Emergenz von neuen Verhaltensweisen hervorzuholen, indem ich dieses Ensemble so bewege, dass plötzlich ein neuer dynamischer Gleichgewichtszustand entsteht« (von Foerster 2002b, S. 54).

Dynamische Gleichgewichtszustände im Kontext nichttrivialer Systeme zeichnen sich eben gerade dadurch aus, dass sie sich verändern, instabil werden können, um sich selbst auf einer neuen Ebene in einen neuen dynamischen Gleichgewichtszustand hineinzubewegen.

Wie kann man sich ein entsprechendes beraterisches Einwirken oder Intervenieren vorstellen? Wie kann Veränderung, Transformation, be*wirkt* werden?

In Anbetracht der Notwendigkeit zur Selbstorganisation darf jedes Einwirken des Beraters nicht instruktiv, also nicht als Steuerung im Sinne der Kybernetik erster Ordnung, sondern muss als eine impulsgebende Anregung verstanden werden, die zu einer Irritation des gewohnten Gleichgewichtszustandes des Problemtanzes führt.

Der Fachausdruck für besagte Irritation ist Perturbation: Der Begriff lässt sich ableiten vom lateinischen Wort *perturbare* und bedeutet »durcheinanderwirbeln, beunruhigen, verwirren«. Perturbationen bewirken eine Störung, die einen Kompensationsprozess in Gang setzt. Das System lernt und reorganisiert sich selbst. Das Prinzip entspricht Heinz von Foersters *»Order from noise«:*

> »Man nehme magnetisierte Würfel, setze sie ins Wasser und beginne, das Ganze zu schütteln. Anfangs driften die Würfel ungeordnet herum, aber plötzlich beginnen sie, sich zu kombinieren und Kristalle zu bilden. Die jeweilige Struktur ist eine innere, die aber nur durch den ›noise‹ – das heißt in diesem Fall: das Schütteln – zur Manifestation gebracht wird« (von Foerster, 1993b, S. 225).

Berater »rütteln« und machen auf qualifizierte Weise »noise«, indem sie das System mit sich selbst konfrontieren, womit das bisher Selbstverständliche – das Triviale – in seiner Selbstverständlichkeit ge- oder *ver*stört wird. Die gewohnten Erwartungen der Beteiligten werden enttäuscht, Verhaltensweisen werden kontingent und entstehende Wahlmöglichkeiten wollen bedient werden. Das System ist genötigt, sich neu zu organisieren.

Die neue »Order«, zu der das System schließlich (selbstorganisierend) findet, die »gewählte« Lösung, ist klarerweise nicht vorhersagbar. Das System entscheidet selbst aufgrund seiner Autonomie, ob und in welcher Form es auf das Rütteln reagiert und in welche neue Ordnung es driftet. Das System verhält sich eben nichttrivial.

Die Lernprozesse, die zu einer neuen »Order« führen, sind qualitativer kreativer (akkommodativer) Natur und bewirken »Struktursprünge«. Auf der Ebene der Individuen entstehen neue Denk- und Verhaltensweisen, auf der Ebene der Kommunikation kommt es zu einem »Wandel zweiter Ordnung« (Ashby, 1956/2015) – zu einem neuen Tanz, in dem das Problem obsolet ist. Soll der neue Tanz stabilisiert werden, geht es um quantitative Veränderungen, durch die Strukturen und Fähigkeiten erhalten, laufend verbessert und optimiert werden – Ross Ashby spricht von einem Wandel erster Ordnung.

Systemische Kommunikationswerkzeuge

Das zentrale Arbeitsmittel systemischer Interventionskunst ist nichts anderes als Sprache in ihrer 2nd-Order-Funktion – jene »magische Formel«, die psychische und soziale Bedingungen verändern, Transformation bewirken kann. Der therapeutische Trick ist: Genauso wenig, wie man über das eigene Denken nachdenken kann, ohne dass sich dieses dabei verändert, kann man auch nicht über das *Wie* des Miteinander-Umgehens sprechen, ohne dass sich dieses dabei verändert.

Aufgabe des Beraters ist es, eine Kommunikation (Veränderungskommunikation) über die Kommunikation (des Klientensystems) in Gang zu bringen. Innerhalb der Veränderungskommunikation haben die Klienten die Möglichkeiten, sich selbst mittels feedbackkontrollierter Selbstreflexion zu beobachten – und zu verändern. Die Beratungs- oder Veränderungskommunikation macht die Beziehungsebene (des Klientensystems) zur Information und ihrer »Sachebene«. Thema ist das Wie und nicht das Was der »Problemkommunikation« der Klienten.

Das Sprechen beispielsweise über das Wie eines Konfliktes (auf der Ebene der Veränderungskommunikation) schafft Einigkeit, wo bislang Uneinigkeit, Unvereinbarkeit oder Widersprüchlichkeit vorherrschte. Gegnerische Parteien werden sich zunächst einig darüber, *dass* sie uneins sind. Aus Konfliktgegnern (die sich uneins sind) werden auf diese Weise Konflikt*partner* (die sich einig sind). Herrscht darüber hinaus auch noch Einigkeit darüber, *dass* eine Lösung angestrebt und gefunden werden soll, ist auch schon die Grundlage geschaffen, auf der eine neue Wirklichkeit auf kooperative Weise konstruiert werden kann. Denn in dem Moment, in dem alle Beteiligten eine Lösung des Problems *wollen* und *beabsichtigen* und sich dafür gleichermaßen zuständig und verantwortlich *sehen,* ändern sich auch schon die Erwartungshaltungen, und die Regeln der Vergangenheit – des Konflikttanzes – verlieren ihre Gültigkeit.

Als Musterbeispiel für systemische Technologien gelten zirkuläre oder rekursive Fragetechniken, durch die Klienten zu Perspektivenerweiterung und -wechsel, zum Beobachten ihres Beobachtens angeregt werden. Beispielsweise wird Herr A gefragt, was er vermute (oder sich vorstellen könne), was ein bestimmtes Verhalten Herrn Cs (zum Beispiel, dass er lacht oder weint) bei Frau B auslösen würde. »Was denken Sie, Herr A, was es bei Frau B auslöst, Herrn C weinen zu sehen?« Diese Art der Fragstellung bewegt sich im Kreis – Frau B wird gefragt, was sie meine, wie es Herrn C gehe, wenn Herr A …

Alle Beteiligten werden in diesen zirkulär geschlossenen Feedbackprozess involviert. Jeder der Beteiligten spricht aus der Sichtweise eines beziehungsweise mehrerer anderer, dessen oder deren Aussagen sich auf das Beobachten der Verhalten und Interaktionen jeweils wieder anderer Beteiligter in unterschiedlichen Konstellationen beziehen. Herr A, der durch diese Art der Fragestellung zunächst irritiert sein mag, ist aufgefordert, sich in Frau B hineinzuversetzen und eine Antwort zu *er*finden. Damit spricht Herr A zwar über seine eigenen Vorstellungen, die er Frau B zuschreibt, generiert mit seiner Aussage aber sofort eine neue Wirklichkeit, auf die sich jetzt auch die anderen – B und C – einstellen und auf die sie reagieren. Die unterschiedlichen Beobachtungen oder Beschreibungen zweiter Ordnung, die durch das zirkuläre Befragen aller Beteiligten (im Kreis herum) gewonnen werden, lassen unterschiedliche Standpunkte, Sichtweisen und Deutungen ans Licht treten, wodurch sich festgefahrene Überzeugungen verflüssigen können.

Auch Aufstellungsarbeiten, die sich zusätzlich einer nonverbalen Sprache bedienen, machen durch räumliche Positionierung und Relationierung der Beteiligten Kommunikationsmuster *sicht*bar und nutzen den Wechsel zwischen unterschiedlichen Reflexions- und

Feedbackebenen, um eine Beobachtung des Beobachtens zu erreichen. Dass die verschiedenen systemischen Aufstellungsmethoden, die konstruktivistischen Ideen folgen, keinesfalls eine allgemeingültige, »wahre« oder »richtige« Relation und Ordnung im System proklamieren, wie etwa noch im alteuropäischen Credo Bert Hellingers, sei angemerkt.

Veränderte Blickwinkel ermöglichen nicht nur, dass sich die eigenen Wahrnehmungen und Überzeugungen, sondern auch festgefahrene Beziehungsdefinitionen relativieren und damit wieder zur Disposition stehen und neu ausgehandelt werden können. Die Beteiligten finden aus ihrer Selbsttrivialisierung heraus und entwickeln und explorieren neue Möglichkeiten, miteinander umzugehen.

Entsprechend verändern sich auch die Erwartungen – was Ego von Alter erwartet – und Erwartungserwartungen – was Ego denkt, dass Alter von ihm erwartet. Und mit veränderten Erwartungen und Erwartungserwartungen modifizieren sich auch die Strukturen, die Regeln (die Eigenfunktion) der Kommunikation: »Nur auf der Ebene der Erwartungen, nicht auf der Ebene der Handlungen kann ein (soziales) System lernen, kann es Festlegungen wieder auflösen, sich äußeren oder inneren Veränderungen anpassen« (Luhmann, 1984, S. 472).

Was wäre, wenn …?

Die am Problemtanz Beteiligten sind, so Heinz von Foerster (1998, S. 51), »in ihrem eigenen zu engen stabilen Eigen-Verhalten gefangen und suchen verzweifelt einen Ausweg: sie leiden unter einer psychischen Klaustrophobie. Mein therapeutischer Vorschlag ist daher«, so Heinz von Foerster weiter, »nicht Reduktion, sondern Expansion der Komplexität. Als Medikation verschreibe ich daher die Pille, die ich schon früher einmal verschrieben hatte. Ich nannte sie damals den ethischen Imperativ: ›Handle stets so, dass Du die Anzahl der Möglichkeiten vergrößerst!‹«

Die Foerster'sche Formel anzuwenden heißt, an einer Steigerung der vorstellbaren Denk- und Handlungsmöglichkeiten orientiert zu sein, um damit das Spektrum alternativer Sichtweisen und Perspektiven zu erweitern. Denn schon einer alten Eulenweisheit folgend löst sich mit der Drehung des Kopfes zwar nicht das Problem, aber es ergeben sich Blickwinkel, aus welchen sich die Lösung zeigt. Das Prinzip gilt auch für scheinbar unlösbare Probleme, ein Dilemma, Trilemma oder Polylemma, wie es Paul Watzlawicks Geschichte vom Franzl aus Österreich anschaulich zu zeigen vermag:

> »Die Leiden des jungen Franzl – denn von ihnen soll hier einleitend kurz die Rede sein – erreichten ihren Höhepunkt, als er als dreizehnjähriger Gymnasiast im Stadtpark vor einem großen Blumenbeet stand und davor eine kleine Tafel mit der Aufschrift entdeckte: Das Betreten der Beete ist bei Strafe verboten. Dies löste bei ihm ein in den letzten Jahren immer wieder auftauchendes Problem aus, denn wieder einmal schien die Lage der Dinge ihm nur eine von zwei Möglichkeiten offenzulassen, und beide waren unannehmbar: Entweder seine Freiheit gegenüber dieser Unterdrückung durch die Obrigkeit zu behaupten und im Blumenbeet herumzutrampeln, gleichzeitig aber auch zu riskieren, erwischt zu werden; oder dies nicht zu tun. Aber schon beim bloßen Gedanken, einem schäbigen Schild gehorchen zu müssen, kann ihm die Wut über die Feigheit einer solchen Unterwerfung. Lange stand er da, unentschlossen, ratlos, bis ihm plötzlich, vielleicht deswegen, weil es ihm noch nie eingefallen war, Blumen anzusehen, etwas völlig anderes in den Sinn kam, nämlich: Die Blumen sind wunderschön« (Watzlawick, 2006, S. 189 f.).

Berater bieten daher alternative Perspektiven, Hypothesen (ohne Anspruch auf Wahrheit) an, führen neue und andere Sichtweisen ein, entwerfen fiktive Szenarien und laden zu Gedankenexperimenten, zum Andenken neuer Verhaltensweisen und Beziehungsdefinitionen ein, die unverbindlich in der Phantasie durchgespielt werden können, ohne dass sie zunächst Anspruch auf irgendeine Richtigkeit erheben.

Ein sprachlicher Trick, um zu einer Perspektivenerweiterung anzuregen, ist der Konjunktiv. Der Konjunktiv stellt Unverbindlichkeit her, die es den Klienten erleichtert, sich selbst überhaupt erst einmal zu »erlauben«, über den Tellerrand zu schauen und sich neue Möglichkeiten vorzustellen. Der Konjunktiv macht aber auch neugierig, erfinderisch, weckt die Phantasie. *Was wäre, wenn …? Angenommen dass, …* Alles ist möglich – und: alles könnte auch ganz anders sein. Ganz nach Watzlawicks Motto: »Ich bin frei, denn ich bin einer Wirklichkeit nicht ausgeliefert, sondern kann sie gestalten.«[9]

Die Foerster'sche Formel anzuwenden zielt darauf ab, den *Möglichkeitssinn*, den Fritz B. Simon und Gunthard Weber als »Ko-Autor einer neuen Wirklichkeit« bezeichnen (vgl. Simon u. Stierlin, 1984, S. 220), zu aktivieren.

Reflexion 10: Der Möglichkeitssinn

Das Verhältnis von Möglichkeit und Wirklichkeit kommt in Robert Musils »Mann ohne Eigenschaften« anschaulich zum Ausdruck:

»Wenn es aber Wirklichkeitssinn gibt [...], dann muß es auch etwas geben, das man Möglichkeitssinn nennen kann. Wer ihn besitzt, sagt beispielsweise nicht: Hier ist dies oder das geschehn, wird geschehn, muß geschehn; sondern er erfindet: Hier könnte, sollte oder müßte geschehn; und wenn man ihm von irgendetwas erklärt, daß es so sei, wie es sei, dann denkt er: nun, es könnte wahrscheinlich auch anders sein. So ließe sich der Möglichkeitssinn geradezu als die Fähigkeit definieren, alles, was ebensogut sein könnte, zu denken und das, was ist, nicht wichtiger zu nehmen als das, was nicht ist. [...] Es ist die Wirklichkeit, welche die Möglichkeiten weckt, und nichts wäre so verkehrt, wie das zu leugnen. Trotzdem werden es in der Summe oder im Durchschnitt immer die gleichen Möglichkeiten bleiben, die sich wiederholen, so lange bis ein Mensch kommt, dem eine wirkliche Sache nicht mehr bedeutet als eine gedachte. Er ist es, der den neuen Möglichkeiten erst ihren Sinn und ihre Bestimmung gibt, und er erweckt sie« (Musil, 1930/1987, S. 16).

Unterschiede, die Unterschiede machen

Was durch die diversen Frage- und Sprachspiele der systemischen Therapie und Beratung erreicht werden soll, ist der Sprung auf eine Beobachtungsebene zweiter Ordnung. Wird beispielsweise durch paradoxe Interventionen einem Klientensystem das eigene bis dahin unbewusst (naiv) reproduzierte Problemverhalten verschrie-

9 Zugriff am 31.05.2016 unter http://zitate.woxikon.de/autoren/paul-watzlawick

ben, tritt es auf einer Ebene zweiter Ordnung ins Bewusstsein und kann fortan daher auch nicht mehr ganz einfach naiv reproduziert werden. Selbst dann, wenn jemand zwar theoretisch ein bestimmtes Verhalten unterlassen könnte, es aber praktisch nicht tut, ist dasselbe Verhalten neu zu bewerten. Dann gilt »the same is different«, denn es wird zu einer bewussten Entscheidung, was Verantwortung impliziert – und wiederum eine Reihe ganz neuer und anderer Probleme bedingt. »Was müssten Sie tun, um Ihr Problem absichtlich herbeizuführen? Was könnten Sie tun, um das Problem oder einen Konflikt aufrechtzuerhalten? Was könnten Sie dazu beitragen, dass sich das Problem verstärkt, der Konflikt verschärft?«

Darüber nachzudenken, was man selbst zur Problemkonstruktion und -aufrechterhaltung beitragen könnte (und kann), lässt ein Bewusstsein entstehen, dass man selbst mehr Einflussmacht hat, als man bislang meinte, und dass man diese Macht auch dazu nutzen könnte (und kann), auf ganz andere Weise zu handeln und Einfluss zu nehmen.

Es interessieren aber nicht die Probleme, sondern wie es dem Klientensystem gelingt, Ausnahmen von der »Problem-Regel« herzustellen, Unterscheidungen zu treffen, die einen Unterschied (zum Problem) machen. Wann und in welchen Kontexten tritt das Problem nicht auf und was machen die Beteiligten dann anders. Mit den Ausnahmen werden Ressourcen und Stärken des Klientensystems sichtbar, die sie nutzen können, um eine Veränderung herbeizuführen. Mit den Ausnahmen ist der »Reiseproviant« für den Weg der Veränderung gewonnen. Aber ohne eine Vorstellung davon, wohin der Veränderungsprozess führen soll, landet man mitunter an einem Ort »in the middle of nowhere«, an den niemand wollte. Wenn wir nicht wissen, welchen Hafen wir ansteuern sollen, so Seneca, ist auch kein Wind günstig.

Es stellt sich daher die Frage nach den Zielen und den Merkmalen (den Unterschieden), woran eine positive Veränderung (der Unterschied) erkennbar sei.

Als Beispiel diene Steve De Shazers berühmte *miracle question* (vgl. De Shazer, 1992a, S. 130). Die Wunderfrage wurde erfunden, als ein Klient meinte: »My problem is so bad that it would need a miracle.« Darauf Insoo Kim Berg: »Well, suppose one happened …?«

»Nehmen wir einmal an, es wäre ein Wunder geschehen und die Probleme, die Sie hierhergeführt haben, wären gelöst und über Nacht verschwunden. Einfach so!«

Die Fragen, die nun anschließen, fokussieren auf jene Unterschiede, die im Klientensystem zum Ausdruck kommen – also einen Unterschied machen –, *nachdem* das Wunder geschehen ist. Diese Unterschiede beziehen sich auf (1) die Wahrnehmung, (2) die Bewertung und (3) das Verhalten (vgl. Simon u. Stierlin, 1984, S. 352):

(1) »Woran würden Sie bemerken, dass dieses Wunder geschehen ist?«
»Wer würde es noch bemerken?«

(2) »Wer würde sich am meisten/am wenigsten freuen?«

(3) »Was würden Sie ander(e)s machen, als Sie es jetzt machen?«
»Wer von den anderen Beteiligten würde was anders tun als bisher?«

Was durch die Wunderfrage in den (zweiten) Blick kommt, sind die Konsequenzen der Veränderung – die erwünschten, aber auch die unerwünschten. Denn mit der Wunderfrage treten auch Hindernisse, die bisher nicht gesehen wurden, ans Licht und können bearbeitet werden: »Die Wunderfrage kann sowohl angstvolle Vorstellungen aktualisieren und besprechbar machen, die dazu geführt haben, dass das Symptom bislang nicht aufgegeben werden konnte, als auch die Wahrnehmung dafür öffnen, dass die Ressourcen und Handlungsmöglichkeiten für die Zeit nach dem Wunder bereits im System vorhanden sind und damit die Bedeutung des symptomatischen Verhaltens relativieren« (Simon u. Stierlin, 1984, S. 352).

■ Reflexion 11: Die Wunderfrage (in Anlehnung an Varga von Kibéd, 2008)

Möglicherweise gibt es in Ihrem Leben ein Problem – etwas, das Sie gerne verändern möchten und das Ihnen bisher noch nicht gelungen ist.

Verschaffen Sie sich einen kurzen Überblick über das Problem. Was gehört dazu? Wie macht es sich bemerkbar? Wer ist daran beteiligt?

Nach der Lektüre werden Sie heute möglicherweise noch Verschiedenes unternehmen - vielleicht etwas essen oder jemanden treffen oder was auch immer Sie noch vorhaben.

Irgendwann heute Abend werden Sie müde sein und zu Bett gehen - und einschlafen.

Was wäre, wenn über Nacht nun tatsächlich ein Wunder geschähe und die gewünschte Veränderung über Nacht einträfe, während Sie tief und fest schlafen.

Genau: Einfach so!

- Woran würden Sie, wenn Sie am nächsten Morgen aufwachen und den Tag beginnen, als Erstes erkennen, dass das Wunder geschehen ist? Was wäre jetzt anders als vor dem Wunder?
- Und wann und woran würden andere, ohne dass Sie ihnen davon erzählt hätten, bemerken, dass das Wunder geschehen ist?
- Wer würde es zuerst bemerken?
- Was würden Sie nun anders - und anderes - tun als vor dem Wunder?
- Welche neuen und anderen Verhaltensweisen und Fähigkeiten, die Sie vor dem Wunder noch nicht hatten, würden Sie an sich selbst bemerken?
- Was könnten Sie noch alles mit Ihren neuen Fähigkeiten anfangen?

Empfehlenswert ist es, ein Bild, einen Satz, eine Überschrift, einen Titel zu finden oder Skizzen oder Notizen anzufertigen, die Ihre Erfahrungen - die Unterschiede, die für Sie wichtige Unterschiede machen - zusammenfassen.

Zusammenfassung: Teilnahme als Haltung und Gestaltung

Wir müssen die Veränderung sein,
die wir in der Welt sehen wollen.
Mahatma Gandhi

Die Umstellung auf eine Kybernetik zweiter Ordnung beinhaltet ein reflexives Moment der Beobachtung, sowohl in psychischen als auch in sozialen Prozessen. Durch diese 2nd-Order-Sicht und -Haltung gewinnt die Teilnahme an den Spielen mit der Welt das Attribut bewusst – und bewusste Teilnahme ist nichts anderes als die Einheit von Theorie und Praxis der systemischen Ethik (vgl. Abbildung 13, S. 147). An zentraler Stelle steht Vertrauen, denn Vertrauen ermöglicht und vermittelt gemeinsamen Sinn und verbindet psychische und soziale Systeme.

Zentraler Gedanke der Theorie und Praxis der systemischen Ethik ist die Verbindung der individualethischen und der sozialethischen Perspektive vor dem Hintergrund der Einsicht in die ausschließlich gemeinsam mögliche Weiterentwicklung von Individuum und Gesellschaft. Denn in demselben Maß, in dem die Gesellschaft beispielsweise die Idee der Freiheit (als Zentralreferenz jeder Ethik) vermittelt und den Individuen damit Möglichkeiten ihrer (Selbst-)Verwirklichung eröffnet, ist sie auch auf die (dadurch mögliche) Entwicklung der Individuen angewiesen, um sich selbst steigern, verändern und entwickeln zu können. Die Entwicklung und Evolution von Individuum und Gesellschaft sind immer – und in jede Richtung – nur gemeinsam möglich. Und genau hier setzt die systemische Ethik an, indem sie die Funktion systemischer Denk- und Kommunikationswerkzeuge nutzt, um psychische und soziale Veränderungsprozesse in der *globalen Selbstorganisation zu orientieren:* Individuelle und soziale Orientierung erfolgen im Modus des Selbstbezugs im Kontext der globalen *einen* Gesellschaft. Diese hat ohne die Möglichkeit der Abgrenzung von anderen Gesellschaften ihre Form zu finden – genauso, wie moderne Individuen mit der Freiheit ringen, ihre Karrieren und Identitäten weitgehend aus sich selbst erarbeiten zu müssen. Es macht Sinn, dass Menschen ein

Bewusstsein davon entwickeln, wie sie, eingewoben in die sich elektronisch und massenmedial verdichteten Prozesse der Kommunikation, soziale Wirklichkeit (mit)erschaffen: Sie werden zu Beteiligten. Sie sind nicht mehr Opfer von Umständen, sondern begreifen sich als aktive Mitgestalter ihrer Welt und erkennen in dieser Freiheit ihre Verantwortung. Und das sollte im Horizont der direkten Verbindung von Bewusstsein und Kommunikation durch die elektronischen Medien neues Vorvertrauen zwischen Individuum und Gesellschaft ermöglichen.

Die basalen Technologien und Instrumente, die bewusste und kommunikative Selbststeuerung psychischer und sozialer Systeme ermöglichen, sind 2nd-Order-Reflexions- und -Feedbackprozesse, die sich im Empowermentkonzept miteinander verbinden und in der systemischen Beratung beispielhaft zur Anwendung kommen.

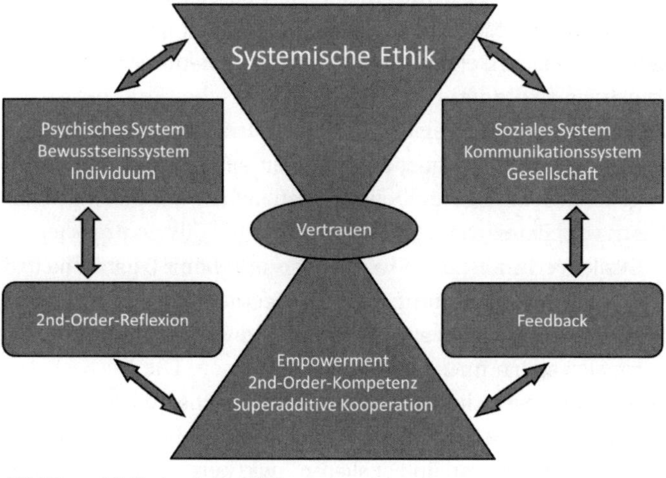

Abbildung 13: Systemische Ethik

Zur Reflexion der eigenen Teilnahme an den unterschiedlichen Spielen mit der Welt eignet sich die folgende Übung.

Reflexion 12: Reflexion der Teilnahme

Die Reflexion der Teilnahme beginnt damit, darüber nachzudenken, an welchen unterschiedlichen Spielen mit der Welt man teilnimmt. Man ist beispielsweise beruflich an Organisationsspielen oder privat am Familienspiel beteiligt.

Wer gehört zum Wir dieser Spiele? Wer sind die wichtigsten Mitspieler in den Spielen?

Um das Relationsmuster sichtbar zu machen, kann man nun soziometrisch vorgehen, indem man die Mitspieler nach Nähe und Distanz zum Protagonisten – zu sich selbst – differenziert und anordnet, zum Beispiel auf einem Blatt Papier aufzeichnet oder anhand von Symbolen auf einer begrenzten Fläche aufstellt. Zusätzlich kann man anmerken und farblich markieren, ob sich die Beziehungen zu den anderen Mitspielern primär durch ein »Nebeneinander«, ein »Miteinander« oder ein »Gegeneinander« auszeichnen.

Eine weitere Möglichkeit ist es, die Qualität der eigenen Teilnahme in diesen Spielen zu untersuchen, indem man die Skalierungsfrage anwendet:

- Man fragt dann beispielsweise nach dem Ausmaß, in dem die eigenen Vorstellungen, die man von einem (oder mehreren) gemeinsamen Ziel (oder Zielen) hat, mit den Vorstellungen der anderen Beteiligten übereinstimmen.
- Skalieren Sie auf einer Skala von 0 bis 10, wobei 0 gar keine und 10 maximale Übereinstimmung bedeutet.
- Was müsste passieren, damit sich Ihre Bewertung verändert, sie sich steigern oder verringern kann?
- Auf diese Weise können Sie unterschiedliche, für Sie wichtige Aspekte Ihrer Teilnehmerschaft an den genannten Spielen reflektieren, einschätzen und skalieren – wie beispielsweise: Skalieren Sie auf einer Skala von 0 bis 10 das Ausmaß Ihrer eigenen Motivation, wobei 0 keine und 10 maximale Motivation bedeutet.
- Was müsste passieren, damit sich Ihre Bewertung verändert, sie sich steigern oder verringern kann?

Skalieren Sie analog dazu zum Beispiel auch das Ausmaß Ihres Vertrauens in andere Mitspieler, das Ihres eigenen Engagements, das Ihrer Initiative. Schätzen Sie Ihre Integration in die Kommunikation des Gesamtsystems ein und ermessen Sie Ihre Möglichkeiten, auf das Spiel Einfluss zu nehmen.

Überlegen Sie wieder, was Sie jeweils tun müssten, um Ihre Bewertung zu verändern – zu verringern oder zu steigern.

Vorausgesetzt, eine stabile Vertrauensbasis ist gegeben, kann diese Übung durch das Einbeziehen von Außenperspektiven erweitert und in Form eines wechselseitigen Feedbackprozesses in Gruppen oder Teams durchgeführt werden. Die Fragen werden aus der Perspektive eines oder mehrerer Mitspieler beantwortet:

- Was meinen Sie, wie Mitspieler X das Ausmaß Ihrer Motivation (Ihres Engagements, Ihres Vertrauens in andere usw.) einschätzen würde?

Der Fokus der feedbackgesteuerten Reflexion dieser Reflexionen ist dabei auf auftretende divergierende Einschätzungen und Wahrnehmungen gerichtet.

Die Frage, die sich den Spielern schließlich stellt, ist die nach dem Ausmaß der Entwicklungs- und Steigerungsmöglichkeiten für sich selbst und für das Spiel. Wieder soll auf die bewährte Weise skaliert werden.

Darüber hinaus können die Spieler einen zweiten Blick auf das Spiel werfen: Mit welchen anderen Spielen ist es verbunden, was trägt es zu welchen anderen Spielen bei und auf welche Weise ist es auf andere Spiele angewiesen?

Implementierung der systemischen Ethik

Nach all den Einsichten, wie sind da die Aussichten?
Erhard Blanck

Text, Kontext und Werkzeug

»Die Dringlichkeit der Frage nach einer handlungsrelevanten Ethik«, so Wolfgang Dür (2012, S. 5), »wächst mit den exponentiell steigenden technischen Möglichkeiten einer globalisierten Weltgesellschaft und einer unter diesen Bedingungen agierenden Menschheit.« Jede Antwort auf die Frage nach dem Wie einer Implementierung der systemischen Ethik in die Gesellschaft setzt nicht nur eine Explikation dieser Ethik *als implizite Ethik* voraus, sondern braucht auch die explizite Beschreibung des Kontextes, in den sie implementiert werden soll. Und schließlich muss drittens ein Werkzeug der Verbindung von Text und Kontext zur Verfügung stehen.

Kontext der Implementierung ist heute die globale Gesellschaft, die, operativ betrachtet, aus allen Kommunikationshandlungen besteht, die sich weltweit laufend ereignen. Bezüglich des Werkzeugs ist wieder auf Kommunikation zu verweisen, denn wie anders als durch eigene Operationen, durch Kommunikation, sollte das autopoietisch-geschlossene System Gesellschaft mit sich selbst umgehen? Die Geschichte lehrt uns allerdings, dass Ethik- und Moralvorstellungen noch nie mit dem Werkzeug der Kommunikation ihr Auslangen gefunden haben. Es sei denn, man betrachtet selbst einen Krieg noch als eine Form der Kommunikation. Und das scheint funktional durchaus plausibel, schließlich ist Krieg eindeutig eine Art der Verhaltenskoordination. Allerdings keine spezifisch menschliche, denn Kriege zu führen beherrschen auch schon die Ameisen. Erst das Konzept einer impliziten systemischen Ethik verweist in der Werkzeugfrage auf rein sprachliche Kommunikation, denn die Sprache muss über die Sprache sprechen können, um den 2nd-Order-Anspruch der systemischen impliziten Ethik zu erfüllen, und man kann keinen Krieg über den Krieg führen. Die Sprache bildet das Medium der strukturellen Kopplung von Bewusstsein und Kommunikation, von Denken und Sprechen. Nur wo über das Sprechen gesprochen wird, wird das Denken angeregt, über das Denken nachzudenken. Und nur wenn über das Denken nachgedacht wird, beginnt das Sprechen über sich zu sprechen.

Psychische und soziale Systeme müssen zwar je für sich, aus eigenen Operationen, 2nd-Order-Fähigkeit erreichen, aber sie können dies nur durch gegenseitige qualifizierte Perturbationen – via Sprache. Sprache, die zur gegenseitigen Steigerung von Individualität und Sozialität geführt hatte, bis zu dem ultimativen Punkt der vollständigen Globalisierung in der Gegenwart, der ein Ankommen in der 2nd-Order-Kompetenz überlebensnotwendig macht. Jedes Ich soll seine Identität aus sich selbst bestimmen, ohne sich weiter auf Herkunft und Stand berufen zu können, die ihm in früheren Zeiten seine Identität zugewiesen hatten. Und das globale Wir, als planetares Ich differenzlos geworden (vgl. das Kapitel »Das differenzlose Wir«, S. 66), ist ebenso darauf verwiesen, sich aus sich selbst heraus zu konstituieren, ohne die Abgrenzung von einem anderen Wir dazu nutzen zu können.

Implementierung dieser Ethik bedeutet damit: eine bestimmte Form der Kommunikation durch Kommunikation in die Kommunikation via struktureller Kopplung an Bewusstsein einzuführen, das parallel dazu eine bestimmte Art des Denkens über das Denken vermittels des Denkens erreichen muss. Um diesen doppelten parallelen Zirkel aufzulösen, braucht es die Einsicht, dass die Bedingungen der Globalität unmittelbar die Entwicklung von 2nd-Order-Kompetenz fordern. Denn nur diese Einsicht erlöst beide Systemarten aus ihren kongenialen historischen Dummheiten: der Ich- und Wir-Abgrenzung, dem bloßen Denken und Reden im Modus des Entweder-oder bezüglich Ich/Du und Wir/Sie. Ein Denken, das hin zum transklassischen Sowohl-als-auch finden muss, das *beide* Seiten *und* das Dritte (Grenze, Absicht, Motiv, Beobachter) dazwischen meint.

Wenn Text, Kontext und Werkzeug der Implementierung der systemischen Ethik Kommunikation als solche sind, dann liegt es nahe, die Evolution der menschlichen Kommunikation und ihrer Medien in ihrer jeweiligen Realität und Wirklichkeit zu beobachten. In welcher historischen Realität erscheint ein neues Kommunikationsmedium und welche Wirkung übt es auf diese Realität aus? Zu welcher neuen Realität drängt ihre Wirklichkeit?

Die menschliche Sprache mit ihrem Potenzial des Selbstbezuges wurde weiter oben als das spezifische Kriterium menschlicher Kommunikation eingeführt. Mit ihrer Entwicklung wird aus dem Primaten schließlich der Mensch. Gesprochene Sprache als Medium ermöglicht zwar individuell bereits die Vermittlung von 2nd-Order-Kompetenz, diese aber erreicht in mündlicher Überlieferungsform notwendig nur einen sehr kleinen Kreis. Sie bildet daher die Ausnahme für wenige, während nahezu alle Menschen im Überlebenskampf und in den 1st-Order-Möglichkeiten der Sprache gefangen bleiben.

Die Entwicklung der Kommunikationsmedien meint nicht mehr als die Übertragung der Sprache auf je neue Träger: vom Laut der gesprochenen Sprache zur Schrift, schließlich zum Druck und heute zu den elektronischen Medien. Jedes neue Medium eröffnet neue Möglichkeiten, neue Chancen und neue Gefahren. Und mit jedem neuen Medium wird die Möglichkeit, aber zugleich auch die Notwendigkeit zur Entwicklung von 2nd-Order-Kompetenz breiter und dichter, bis sie schließlich mit dem Abschluss der Globalisierung der Gesellschaft dazu drängt, zur Norm jeder Menschenbildung zu werden.

Bloße Mündlichkeit produziert archaische Formen der Vergesellschaftung, im Modus der sequenziellen Differenzierung bilden sich Horden und Stämme. Schrift ermöglicht durch die kommunikative Überwindung räumlicher und zeitlicher Distanzen die Differenzierung von Zentrum und Peripherie und führt zu Hochkulturen mit ihrer stratifikatorisch-hierarchisch-zentralistischen Gliederung. Mit dem Buchdruck gewinnt eine funktionale Form der Differenzierung zunehmend an Einfluss und führt schließlich zu einer globalen funktionalen Gliederung der Gesellschaft in Subsysteme (Wirtschaft, Politik, Wissenschaft, Religion, Kunst, Gesundheit, Erziehung etc.). Die globale Gesellschaft erscheint polyzentrisch strukturiert und ist damit in allen ihren Teilen zunehmend auf Selbstorganisation angewiesen, denn keines der Subsysteme kann eine dominante gesellschaftliche Position behaupten oder ein Zentrum legitimierter gesellschaftlicher (Vor-)Macht errichten.

Mit dem evolutionären Auftreten neuer Kommunikationsmedien kommt es jeweils zu spezifischen Sinnüberschüssen, die zunächst

Chaos erzeugen, das wiederum zur Entwicklung einer neuen Kulturtechnik anregt, mit der schließlich eine neue Ordnung erzeugt wird (vgl. Shortcut 14, S. 154).

> »Schon mit der Entwicklung von Sprache als solcher setzt die (Selbst-)Nötigung des Menschen zum expliziten Selbstbezug (psychisch und sozial) ein. Und damit der Selbstzweifel, der befreit, z. B.: aus der Enge naturhaft naiver Selbstgewissheit, aber verunsichert, z. B.: weil sprachlich explizierter Selbstbezug den Menschen mit seiner Todesgewissheit konfrontiert und damit Sinnfragen generiert, deren Lösung wieder nur im Medium der Sprache möglich scheint. Und mit jeder medientechnischen Erweiterung nötigt sich diese Menschheit zum Eintritt in zunehmend komplexere kognitive Überschussproblematiken.
>
> Mit dem Buchdruck etwa hörte die Schrift auf, heilig und nur eine zu sein. Man konnte plötzlich verschiedene Texte und Meinungen nebeneinander legen und genau vergleichen – und wusste hernach zunächst nicht mehr, was nun zu glauben sei. Die entsprechend neu entstehende Kulturtechnik hieß: Kritikfähigkeit.
>
> Und erst mit jener Kritik, die Kant schließlich an der reinen Vernunft geübt hatte, war Kritik als Kulturtechnik endgültig auf menschlichem – auf 2nd-Order-Niveau etabliert und stabilisiert: vernünftige Kritik an der Vernunft, oder: Kritik als Selbstbezug der Vernunft« (Kropfberger, 2015, S. 14).

Die Anwendung der Natur(-Gesetze) auf die Natur(-Gesetze) hatte zum Phänomen der *Technik*, einer zentralen Manifestation menschlicher 2nd-Order-Kompetenz, geführt. Diese Technik ermöglichte gegen Ende des 20. Jahrhunderts schließlich eine letzte und ultimative Erweiterung der menschlichen Kommunikation durch den globalen Verbund der elektronischen Medien. Der Sinnüberschuss lässt sich heute als Kulturüberschuss, als Moralüberschuss, als das Beliebigwerden aller traditionellen Verbindlichkeiten deuten. Und damit als die Herausforderung zur Bildung einer Kultur der Kulturen auf der Basis einer systemischen impliziten Ethik.

Eine Kultur der Kultur meint keine uniforme Weltkultur als Hybridität von Kulturen, sondern führt zur Teilnahme an einer

(Trans-)Kultur des Nicht-Bestimmten, des Offenen, das sich nicht homogen, sondern heterogen, nicht verbindlich, sondern verbindend, nicht festgelegt und nicht festlegend, sondern als ein unabgeschlossener, diskursiv und gemeinsam gestaltbarer Prozess versteht, in dem jedes Individuum seine eigene Kultur der 2nd-Order-Kompetenz entwickeln kann und muss (vgl. Blume, 2012, S. 187 f.). Mit den Worten Peter Sloterdijks (2009, S. 302): »Aus dem Fluss steigen, das heißt: Die alte Habitus-Sicherheit in der ererbten Kultur preisgeben und aufhören, ein Gewächs der ersten Kulturgemeinschaft zu sein. Jetzt gilt es, vom Ufer aus eine neue Welt mit neuen Einwohnern zu gründen.« Die notwendige Grundlage für eine neue Kultur der Kultur bildet 2nd-Order-Kompetenz, und diese ethische Kunst will gelernt werden – womit vor allem das Erziehungssystem gefordert ist.

Shortcut 14: Evolution der Sprache durch Medien

Mündlichkeit ermöglicht und erzwingt Entscheidungen im Wissen um sich selbst (und die eigene Sterblichkeit). Affektive Fragen finden eine Antwort. (Affektkontrolle - du sollst nicht töten.)

Schrift ermöglicht und erzwingt Entscheidungen im Wissen um die eigene Geschichte und Zukunft. Emotionale Fragen finden eine Antwort. (Du sollst an einen Gott glauben.)

Der Buchdruck ermöglicht und erzwingt Entscheidungen im Wissen um die inhärente Logik und Rationalität der Welt. Beantwortbare Fragen finden ihre Antwort.

Die elektronischen Medien ermöglichen und erzwingen Entscheidungen im Wissen um die paradoxe Kontingenz wesentlicher Fragen. Unbeantwortbare Fragen finden ihre Antwort.

Teilnahme und Teilhabe

Die deutsche Sprache erlaubt es, unser Teil-der-Welt-Sein in eine *Teilnahme* und eine *Teilhabe* zu differenzieren. Im Englischen hingegen gibt es nur einen Begriff: participation.

Teilhabe ergibt sich in dem Moment, in dem ein Mensch das Licht der Welt erblickt. Er *hat* dann *teil* an der Welt – indem er Teil der Welt *ist* – als Bedingung der Möglichkeit, aktiv an der Welt *teilzunehmen.*

Teilhabe muss jedem Menschen daher als Existenzgrundlage und Geburts- und Grundrecht zugesprochen werden. Sie ist äquivalent zum Konzept der Menschenrechte, das davon ausgeht, »dass alle Menschen allein aufgrund ihres Menschseins mit gleichen Rechten ausgestattet und dass diese egalitär begründeten Rechte universell, unveräußerlich und unteilbar sind« (Koenig, 2005, S. 9). Menschenrechte sind beispielsweise das Recht auf Leben, auf Menschenwürde, auf Nahrung, auf Bildung, auf »artgerechtes« Wohnen und auf möglichst hohe körperliche und geistige Gesundheit. Entsprechend dieser Rechte müsste es dem Einzelnen möglich sein, sein Re-entry der Differenz Teilhabe/Teilnahme auf der Seite der Teilhabe zu vollziehen – wie es der Würde des Menschen gebührt.

Indem jedoch das Re-entry der Differenz auf der Seite der Teilnahme vollzogen wird, steht das Teil-der-Welt-Sein im Dienst und im Zeichen der Teilnahme. Der Mensch ist dazu verurteilt, im Schweiße seines Angesichts sein Brot zu verdienen, seinen Existenzkampf zu bestreiten. Er nimmt teil, weil er damit seine Teilhabe absichern (muss) – ansonsten würde er verhungern.

Während das Re-entry auf der Seite der Teilnahme »in die Pflicht nimmt«, macht es auf der Seite der Teilhabe frei für die Übernahme von »Pflicht«. Eine gesicherte Existenzgrundlage bildet die Voraussetzung für die positive freiwillige Teilnahme an der Welt (vgl. Abbildung 14).

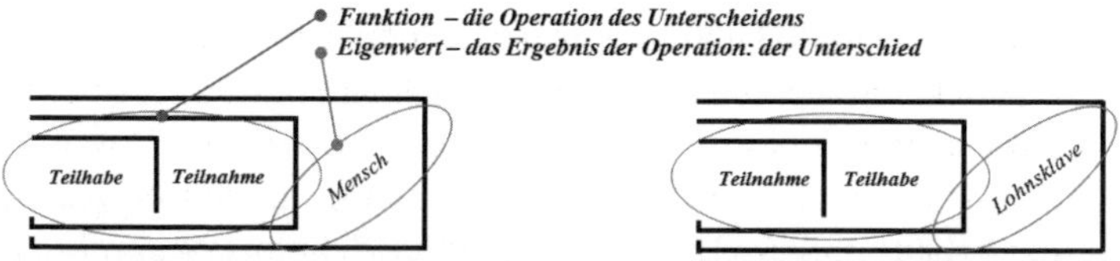

Abbildung 14: Re-entry der Differenz Teilhabe/Teilnahme

Gesellschaftlich betrachtet haben wir es heute wohl mit dem Re-entry auf der Seite der Teilnahme zu tun. Denn es ist nur den Privilegierten – für die Teilnahme keine existenzielle Frage des Überlebens ist – vorbehalten, sich alleine aus Motiven puren Interesses

»freiwillig« an der Welt zu beteiligen, ihren Teil beizutragen und gesellschaftliche Verpflichtung zu übernehmen. Doch wer kann das heute schon von sich behaupten?

Eine Umstellung – ein Re-entry auf der Seite der Teilhabe – kann nur dann erreicht werden, wenn die Gesellschaft jedem Menschen das Recht auf Teilhabe (als Menschenrecht) nicht nur zubilligt, sondern auch zusichert und garantiert – das meint: dafür sorgt. Gesichert werden kann das Recht auf Teilhabe nur durch eine Umstellung der gesellschaftlichen Rahmenbedingungen wie die Schaffung eines bedingungslosen Grundeinkommens (vgl. Füllsack, 2011), wofür sich beispielsweise Götz Werner (Gründer der Drogeriemarktkette *dm*) einsetzt. Die Idee des bedingungslosen Grundeinkommens gewinnt aktuell immer mehr Beachtung und Raum. Während der Arbeit an diesem Buch wird in der Schweiz eine Volksabstimmung darüber vorbereitet. Es gibt (oder gab) in einigen Ländern (zum Beispiel Brasilien, Mongolei) zwar Ansätze zu dessen Einführung, aber im Rahmen der Globalität müsste ein bedingungsloses Grundeinkommen wohl auch weltweit eingeführt werden.

Es bietet sich an, analog zur Differenz Teilhabe/Teilnahme den Begriff des Einkommens dem der Beschäftigung gegenüberzustellen, aber anstatt Einkommen unter die Schirmherrschaft der Beschäftigung zu stellen, steht die Beschäftigung unter der des Einkommens, das als bedingungsloses Grundeinkommen garantiert ist. Die Differenz Grundeinkommen/Beschäftigung scheint heute notwendig, um

> »die Basis zwischenmenschlicher Beziehung wie der von Konkurrenz auf Freundschaft umzustellen. Jedem Menschen, das ist das Entwicklungsziel einer globalen Menschheit, ist die Teilhabe am planetaren Reichtum bedingungslos zu gewähren, und zwar als Ermöglichung seiner freiwilligen Teilnahme an den Prozessen des Erhalts und der Erneuerung dieses Reichtums. Schon Erich Fromm war der Ansicht, Grundeinkommen sei eine uralte Idee, deren Zeit gekommen ist.
>
> Keines der globalen Organisationsprobleme der Intelligenz dieses Planeten ist konstruktiv lösbar, solange das menschliche Potenzial in seinen elementaren Einheiten in überwiegender Anzahl in banalen Überlebenskämpfen gebunden bleibt und

nur ein geringer Prozentsatz der Individuen die Möglichkeiten vorfindet, Freiheit und Horizont, also 2nd-Order-Kompetenz, zu entwickeln. [...] Die vollständige Emergenz (positive Umsetzung des Potenzials) des Menschen braucht als Grundlage unverzüglich die Verwirklichung eines einheitlichen globalen Wirtschaftsraumes auf Basis eines selbstverständlichen Grundeinkommens als Menschenrecht. Erst ab diesem Punkt kann das Potenzial des Menschen sich auch als dieses spezifisch menschliche Potenzial – nämlich im Möglichkeitsraum der Freiheit beziehungsweise im Freiraum seiner Möglichkeiten – voll entwickeln« (Kropfberger, 2015, S. 236).

Solange das Problem wirtschaftlicher Abhängigkeits- und Herrschaftsverhältnisse gesellschaftlich ungelöst bleibt, wird auch die Entwicklung von 2nd-Order-Kompetenz auf breiter Basis kaum zu verwirklichen sein.

Reflexion 13: Teilhabe = Teilhabe/Teilnahme

Angenommen, die Idee des bedingungslosen Grundeinkommens wäre über Nacht weltweit eingeführt und realisiert. Eben wieder wie durch ein Wunder.

Man müsste nicht mehr arbeiten! Für Ihr Grundeinkommen und das Ihrer Familie wäre gesorgt.

Was wäre dann anders?

Was würden Sie persönlich nun anders tun, als Sie es heute tun? Oder würden Sie etwas ganz anderes tun? Wie, wo, wann, mit wem würden Sie dies tun? Was hätten Sie davon? Und was hätte die Welt, an der Sie teilnehmen, davon?

Was meinen Sie, *was* würden Menschen, die Sie kennen (wie ihr Partner, Familienmitglieder, Freude, Bekannte, Kollegen ...) nun anders tun, als sie es bisher getan haben? Oder würden sie etwas ganz anderes tun?

Was glauben Sie, wie würde sich die Gesellschaft entwickeln, wenn die aktive Teilnahme an ihren Notwendigkeiten freigestellt wäre?

Erfinden der Zukunft

Die Zukunft, die wir wollen, muss erfunden werden,
sonst bekommen wir eine, die wir nicht wollen.
Joseph Beuys

»In der letzten Zeit«, so Heinz von Foerster (1993a, S. 172), diesmal gar nicht im gewohnt optimistischen Duktus, »habe ich mich zu fragen begonnen, ob die Information über den eigenen Zustand die Elemente des Systems überhaupt so rechtzeitig erreichen kann, dass sie noch reagieren können, wenn sie sich entscheiden, zuzuhören statt aufeinander einzuschlagen.«

Inzwischen sind mehr als zwanzig Jahre vergangen und die Kommunikation des Countdowns unseres gesellschaftlichen Zusammenbruchs und der Zerstörung unserer Biosphäre hat sich verdichtet. Nicht erstaunlich daher, dass uns heute vorwiegend pessimistische und düstere Bilder und Dystopien der Zukunft beherrschen. An positive Utopien können wir schon lange nicht mehr glauben, besonders nachdem der technische Fortschritt und das ewige Wachstum in Verruf geraten sind. Die Medienindustrie lebt von Kriseninszenierungen, reale und fiktive Horrorbilder überschwemmen uns tagtäglich. Hollywood konstruiert und produziert am laufenden Band apokalyptische Endzeitszenarien der Menschheit und der Gesellschaft, Visionen einer untergehenden Zivilisation, in der der Mensch vollkommen von seinen Maschinen beherrscht wird.

Damit sich aber all die zukunftspessimistischen Bilder und Untergangsszenarien, die vielleicht auch noch von Glaubensresten an ein Jüngstes Gericht als Strafe Gottes getragen sind, nicht tatsächlich im Sinne einer self fulfilling prophecy verwirklichen, ist ein neues visionäres Denken erforderlich, das in der Lage ist, alternative positive Vorstellungen, Bilder und Ideen zu entwerfen, gedanklich zu modellieren und kommunikativ zu teilen – etwa wie es John Lennon, einer der großen Visionäre des letzten Jahrhunderts, in seinem Song »Imagine« (1971) getan hat:

»Imagine there's no heaven
It's easy if you try
No hell below us
Above us only sky
Imagine all the people living for today

Imagine there's no countries
It isn't hard to do
Nothing to kill or die for
And no religion too
Imagine all the people living life in peace, you

Imagine no possessions
I wonder if you can
No need for greed or hunger
A brotherhood of man
Imagine all the people sharing all the world, you

You may say I'm a dreamer
But I'm not the only one
I hope some day you'll join us
And the world will be as one«

Aber läuft nicht jeder, der von einer Welt ohne Kriege, ohne Waffen, ohne Gewalt und Armut träumt, Gefahr, als naiver idealistischer Spinner verrufen zu werden? Und können wir uns – anstatt und jenseits der Selbstzerstörung – ein optimistisches Bild der Zukunft einer Gesellschaft, die sich zum Positiven entwickelt, überhaupt vorstellen? Eine Welt, in der die systemische Ethik implementiert und vollständig verwirklicht ist? Gesellschaft als hochtechnisiertes Netzwerk kreativer Einzelner, die durch die Arbeit der Maschinen von Erwerbszwängen freigesetzt sind, frei, sich lokal zu kreativen Gemeinschaften verbinden zu können?

Die Zukunft, die wir *wollen,* muss erfunden werden, sonst bekommen wir eben eine, die wir nicht wollen. Und eine Zukunft, die wir wollen, werden wir nur dann bekommen, wenn wir auch eine Vision von ihr haben.

Gesucht sind daher positive Ideen und Sinnkonstruktionen, die das Potenzial haben, neuen Sinn zu schaffen und damit eine neue Wirklichkeit. Eine Vision der Zukunft, der *wir* – als globales Wir *und* als jeder Einzelne – gemeinsam folgen wollen.

Ohne Vision sind wir orientierungslos.

Wenn wir kein Ziel kennen, lässt sich kein nächster Schritt bestimmen.

Und wir brauchen eine *gemeinsame* Vision, sonst enden wir im Streit um die Richtung.

Eine gemeinsame Vision erfordert die gemeinsame Entwicklung dieser Vision. Und eben dazu brauchen wir (alle) 2nd-Order-Kompetenz. Denn *eine* Vision zu entwickeln, meint Steuerung der Selbststeuerung von Individuum *und* Gesellschaft, von Bewusstsein und Kommunikation. Oder: *Orientierung in der globalen Selbstorganisation.*

Zum Abschluss sei daher nach der »Vision eines goldenen Zeitalters der Menschheit« gefragt und frei nach Steve De Shazer die »ethische Wunderfrage« gestellt.

Reflexion 14: Die »ethische Wunderfrage«

Angenommen, es wäre ein ethisches Wunder geschehen und die Probleme der Menschheit (vor allem das der Dummheit) wären über Nacht verschwunden. Einfach so!

Woran würden Sie erkennen, dass dieses Wunder geschehen ist?
Was hat sich alles verändert?
Was wäre anders am Verhalten der Menschen?

Wie sieht Ihre Vision einer positiven Menschheit aus?
Und *mit wem, wann, wo* und *wie* können Sie Ihre Vision teilen?

Denn nur in Kommunikation kann sich *eine* Vision entwickeln und gemeinsame Wirklichkeit werden.

Chronologische Liste der Shortcuts

Shortcut 1: Ethik ... 15
Shortcut 2: Systeme ... 26
Shortcut 3: Affekte und Gefühle ... 33
Shortcut 4: Perzeption und Bewegung ... 37
Shortcut 5: Autopoiesis ... 40
Shortcut 6: Rekursionen und Eigenwerte ... 51
Shortcut 7: Lernen und Entwicklung durch strukturelle Veränderung ... 58
Shortcut 8: Spiegelneuronen ... 61
Shortcut 9: Kommunikation ... 64
Shortcut 10: Die strukturelle Kopplung von Bewusstsein und Kommunikation ... 68
Shortcut 11: Erwartungen und Erwartungserwartungen ... 76
Shortcut 12: Stufen des Bewusstseins ... 98
Shortcut 13: Triviale und nichttriviale Maschinen ... 101
Shortcut 14: Evolution der Sprache durch Medien ... 154

Chronologische Liste der Reflexionen

Reflexion 1: Der Unterschied zwischen Himmel und Hölle, eine Metapher ... 24
Reflexion 2: Die ethische Gretchenfrage ... 30
Reflexion 3: Die Paradoxie der Gleichzeitigkeit des Unterschiedenen ... 44
Reflexion 4: Mathematische Reflexion ... 53
Reflexion 5: Interaktion und Kommunikation ... 66
Reflexion 6: Das Experiment mit dem blinden Fleck ... 82
Reflexion 7: Der Herr in der Kutsche ... 108
Reflexion 8: Koans ... 114
Reflexion 9: Praxis der Achtsamkeit ... 114
Reflexion 10: Der Möglichkeitssinn ... 142
Reflexion 11: Die Wunderfrage ... 144
Reflexion 12: Reflexion der Teilnahme ... 148
Reflexion 13: Teilhabe = Teilhabe/Teilnahme ... 157
Reflexion 14: Die »ethische Wunderfrage« ... 160

Literatur

Aderhold, Jens, Kranz, Olafv (Hrsg.) (2007). Intention und Funktion. Probleme der Vermittlung psychischer und sozialer Systeme. Wiesbaden: Verlag für Sozialwissenschaften.

Apel, Karl-Otto (1988). Diskurs und Verantwortung. Das Problem des Übergangs zur postkonventionellen Moral. Frankfurt am Main: Suhrkamp.

Arendt, Hannah (1963/2011). Eichmann in Jerusalem: ein Bericht von der Banalität des Bösen. Mit einem einl. Essay und einem Nachw. zur aktuellen Ausg. von Hans Mommsen. München u. Zürich: Piper.

Aristoteles (ca. 4. Jh. v. Chr./1983). Nikomachische Ethik. Übersetzt von Franz Dirlmeier. Berlin: Akademie-Verlag.

Ashby, Ross, W. (1956/2015). An Introduction to Cybernetics. Eastford, CT: Martino Fine Books.

Baecker, Dirk (1993). Kybernetik zweiter Ordnung. In Heinz von Foerster, Wissen und Gewissen. Versuch einer Brücke (3. Aufl., S. 17–23). Frankfurt am Main: Suhrkamp.

Baecker, Dirk (2002). Wozu Systeme? Bd. 4. Berlin: Kadmos.

Baecker, Dirk (2007a). Form und Formen der Kommunikation. Frankfurt am Main: Suhrkamp.

Baecker, Dirk (2007b). Studien zur nächsten Gesellschaft. Frankfurt am Main: Suhrkamp.

Baecker, Dirk (2008). Nie wieder Vernunft. Kleinere Beiträge zur Sozialkunde. Heidelberg: Carl Auer.

Bauer, Joachim (2006a). Warum ich fühle, was du fühlst. Intuitive Kommunikation und das Geheimnis der Spiegelneurone. München: Heyne.

Bauer, Joachim (2006b). Spiegelneuronen. Neurobiologisches Korrelat für intuitives Verstehen und Empathie. Zugriff am 01.07.2015 unter http://www.literaturkritik.de/public/rezension.php?rez_id=10237&ausgabe=200612

Bauer, Joachim (2014). Spiegelung: Der Kern der pädagogischen Beziehung. In Rolf Haubl, Frank Dammasch, Heinz Krebs (Hrsg.), Riskante Kindheit. Psychoanalyse und Bildungsprozesse (S. 182–196). Göttingen: Vandenhoeck & Ruprecht.

Bauer, Thomas (2008). Bildung als soziale Praxis: Zum kulturellen Wandel von Wissen und Bildung im Kontext zunehmend medialisierter Gesellschaften. In Thomas A. Bauer u. Gerhard E. Ortner (Hrsg.), Bildung für Europa. Politische Ansprüche und Anregungen für die Praxis (S. 14–35). Paderborn: B + B Medien.

Bauer, Thomas A., Ortner, Gerhard E. (Hrsg.) (2008). Bildung für Europa. Politische Ansprüche und Anregungen für die Praxis. Paderborn: B + B Medien.

Biller, Karlheinz, De Lourdes Stiegeler, Maria de Lourdes (2008). Wörterbuch der Logotherapie und Existenzanalyse von Viktor Emil Frankl. Wien u. a.: Böhlau.

Blume, Ramita G. (2009). Wissen und Lernen – eine systemisch-konstruktivistische Perspektive. Einführung in die theoretischen und praktischen Grundlagen. Saarbrücken: VDM Dr. Müller.

Blume, Ramita G. (2012). Ethik hat keinen Namen. Erziehung als Anthropotechnik bewusster Evolution von Individuum und Gesellschaft. Heidelberg: Carl Auer.

Brodbeck, Karl-Heinz (1999). Implizite Ethik. Verborgene Werte in der globalen Ökonomie. Zugriff am 23.10.2015 unter http://www.khbrodbeck.homepage.t-online.de/ethik.pdf

Buber, Martin (2001). Ich und Du (14. Aufl.). Gütersloh: Gütersloher Verlagshaus.

Castaneda, Carlos (1993). Reise nach Ixtlan. Die Lehre des Don Juan. Frankfurt am Main: S. Fischer.

Chabris, Christopher, Simons, Daniel (2011). Der unsichtbare Gorilla: Wie unser Gehirn sich täuschen lässt (2. Aufl.). München u. a.: Piper.

Capra, Fritjof (1999). Lebensnetz. Ein neues Verständnis der lebendigen Welt. München: Knaur.

Ciolek, T. Matthew (1995). Zen Buddhism Koan Study Pages. Zugriff am 04.05.2016 unter http://www.ciolek.com/wwwvlpages/zenpages/koanstudy.html

Ciompi, Luc (2004). Ein blinder Fleck bei Niklas Luhmann? Soziale Wirkungen von Emotionen aus Sicht der fraktalen Affektlogik. Soziale Systeme – Zeitschrift für soziologische Theorie, 10 (1), 21–49.

Damasio, Antonio R. (2004). Descartes' Irrtum: Fühlen, Denken und das menschliche Gehirn. Berlin: List.

Dammbeck, Lutz (2004). Das Netz. Dokumentarfilm.

Deleuze, Gilles (1992). Foucault. Frankfurt am Main: Suhrkamp.

De Shazer, Steve (1992a). Das Spiel mit Unterschieden: Wie therapeutische Lösungen lösen. Heidelberg: Carl Auer.

Dür, Wolfgang (2008). Gesundheitsförderung in der Schule. Empowerment als systemtheoretisches Konzept und seine empirische Umsetzung. Bern: Hans Huber.

Dür, Wolfgang (2012). Vorwort. In Ramita G. Blume, Ethik hat keinen Namen. Erziehung als Anthropotechnik bewusster Evolution von Individuum und Gesellschaft (S. 5–6). Heidelberg: Carl Auer.

Durkheim, Emile (1992). Über soziale Arbeitsteilung. Studie über die Organisation höherer Gesellschaften. Frankfurt am Main: Suhrkamp.

Eckoldt, Matthias (Hrsg.) (2013). Kann das Gehirn das Gehirn verstehen? Gespräche über Hirnforschung und die Grenzen unserer Erkenntnis. Heidelberg: Carl Auer.

Engel, Frank, Nestmann, Frank, Sickendiek, Ursel (2007). »Beratung« – Ein Selbstverständnis in Bewegung. In Frank Nestmann, Frank Engel, Sickendiek, Ursel (Hrsg.), Das Handbuch der Beratung. Bd. 1: Disziplinen und Zugänge (2. Aufl., S. 33–43). Tübingen: DGVT.

Escher, Maurits Cornelis (2008). Graphik und Zeichnungen. M. C. Escher. Eingeleitet und erl. von M. C. Escher. Köln u. a.: Taschen.

Foerster, Heinz von (1993a). KybernEthik. Berlin: Merve.

Foerster, Heinz von (1993b). Wissen und Gewissen. Versuch einer Brücke (3. Aufl.). Hrsg. v. Siegfried J. Schmidt. Frankfurt am Main: Suhrkamp.
Foerster, Heinz von (1993c). Die Gesetze der Form. In Dirk Baecker (Hrsg.), Kalkül der Form (S. 9–12). Frankfurt am Main: Suhrkamp..
Foerster, Heinz von (1998). Abbau und Aufbau. In Fritz B. Simon (Hrsg.), Lebende Systeme. Wirklichkeitskonstruktion in der systemischen Therapie (2. Aufl., S. 131–148). Frankfurt am Main: Suhrkamp.
Foerster, Heinz von (1999). Sicht und Einsicht. Versuche zu einer operativen Erkenntnistheorie. Heidelberg: Carl Auer.
Foerster, Heinz von (2001). Short Cuts. Frankfurt am Main: Zweitausendeins.
Foerster, Heinz von (2002a). In jedem Augenblick kann ich entscheiden, wer ich bin. In Bernhard Pörksen (Hrsg.), Die Gewissheit der Ungewissheit. Gespräche zum Konstruktivismus (S. 19–45). Heidelberg: Carl Auer.
Foerster, Heinz von (2002b). Der Anfang von Himmel und Erde hat keinen Namen. Eine Selbsterschaffung in 7 Tagen. Hrsg. von Karl H. Müller u. Albert Müller. Berlin: Kadmos.
Foerster, Heinz von (2003). Entdecken oder Erfinden. Wie lässt sich Verstehen verstehen. In: Einführung in den Konstruktivismus. Beiträge von Heinz von Foerster u. a. Veröffentlichungen der Carl-Friedrich-von-Siemens-Stiftung, Bd. 5 (S. 41–88). München u. Zürich: Piper.
Foerster, Heinz von, Bröcker, Monika (2002). Teil der Welt. Fraktale einer Ethik – ein Drama in drei Akten. Heidelberg: Carl Auer.
Foerster, Heinz von, Pörksen, Bernhard (2004). Wahrheit ist die Erfindung eines Lügners. Gespräche für Skeptiker (6. Aufl.). Heidelberg: Carl Auer.
Foucault, Michel (1985). Freiheit und Selbstsorge. Interview 1984 und Vorlesung 1982. Helmut Becker, Raúl Fornet-Betancourt, Alfred Gomez-Müller u. Lothar Wolfstetter (Hrsg.). Frankfurt am Main: Materialis.
Foucault, Michel (1987). Das Subjekt und die Macht. In Hubert L. Dreyfus u. Paul Rabinow: Michel Foucault. Jenseits von Strukturalismus und Hermeneutik (S. 243–261). Frankfurt am Main: Suhrkamp.
Foucault, Michel (1994). Überwachen und Strafen: die Geburt des Gefängnisses. Frankfurt am Main: Suhrkamp.
Foucault, Michel, Martin, Rux (1993). Wahrheit, Macht, Selbst. Ein Gespräch zwischen Rux Martin und Michel Foucault (25. Oktober 1982). In Luther H. Martin, Huck Gutman u. Patrick H. Hutton (Hrsg.), Technologien des Selbst (S. 24–62). Frankfurt am Main: S. Fischer.
Foucault, Michel (2007). Ästhetik der Existenz. Schriften zur Lebenskunst. Frankfurt am Main: Suhrkamp.
Fried, Erich (1991). Herrschaftsfreiheit. In Erich Fried: 1921–1988: einer singt aus der Zeit gegen die Zeit. Materialien und Texte zu Leben und Werk. Zsgest. und bearb. von Volker Kaukoreit u. Heidemarie Vahl. Hrsg. v. Joseph A. Kruse. Darmstadt: Häusser.
Fuchs, Peter, Pankoke, Eckart (Hrsg.) (1994). Beratungsgesellschaft. Schwerte: Katholische Akademie.

Füllsack, Manfred (2011). Gleichzeitige Ungleichzeitigkeiten. Eine Einführung in die Komplexitätsforschung. Wiesbaden: VS Verlag für Sozialwissenschaften.

Gejko, Fjodor, Malsy, Victor, Teufel, Philipp, Schmid, Helmut (Hrsg.) (2006). Gestaltung ist Haltung/design is attitude. Basel: Birkhäuser.

Glanville, Ranulph (1981). The Same is Different. In Milan Zeleny (Ed.), A Theory of Living Organization (pp. 252–262). New York: Columbia University Press.

Glasersfeld, Ernst von (1992). Declaration of the American Society for Cybernetics. In C.V. Negiota (Ed.), Cybernetics and applied systems. New York: Marcel Decker, 1–5, 1992. Zugriff am 11.11.2011 unter http://www.univie.ac.at/constructivism/EvG/papers/065.pdf

Glasersfeld, Ernst von (1995). Einführung in den Radikalen Konstruktivismus. In Paul Watzlawick (Hrsg.), Die erfundene Wirklichkeit. Wie wissen wir, was wir zu wissen glauben? (9. Aufl., S. 16–38). München u. Zürich: Piper.

Glasersfeld, Ernst von (1997). Radikaler Konstruktivismus. Ideen, Ergebnisse, Probleme. Frankfurt am Main: Suhrkamp.

Glasl, Friedrich (2004). Konfliktmanagement. Ein Handbuch für Führungskräfte, Beraterinnen und Berater (8. Aufl.). Stuttgart: Freies Geistesleben.

Goethe, Johann Wolfgang von (1817). Schriften zur Naturwissenschaft. In Goethes sämtliche Werke. Dreißigster Band. S. 508. Berlin: Propyläenverlag. Zugriff am 07.11.2015 unter https://books.google.at/books?id=lOc2AAAAMAAJ&pg=PA508&lpg=PA508&dq

Goethe, Johann Wolfgang von (1808). Faust – Der Tragödie erster Teil. Tübingen: Cotta.

Günther, Gotthard (1976). Idee und Grundriss einer nicht-Aristotelischen Logik. Zugriff am 03.05.2016 unter http://www.vordenker.de/downloads/grndvorw.pdf

Günther, Gotthard (2002). Cognition and Volition – Erkennen und Wollen. Ein Beitrag zu einer kybernetischen Theorie der Subjektivität. Zugriff am 03.05.2016 unter http://www.vordenker.de/ggphilosophy/e_und_w.pdf

Habermas, Jürgen (1973). Wahrheitstheorien. In Helmut Fahrenbach (Hrsg.), Wirklichkeit und Reflexion. Walter Schulz zum 60. Geburtstag (S. 211–265). Pfullingen: Neske.

Hegel, Georg Wilhelm Friedrich (1807/1986). Phänomenologie des Geistes. In: Georg Wilhelm Friedrich Hegel, Werke in zwanzig Bänden, Bd. 3. Frankfurt am Main: Suhrkamp.

Heidegger, Martin (1923/1995). Gesamtausgabe 2. Abt. Bd. 63. Vorlesungen., Ontologie, Hermeneutik der Faktizität (Sommersemester 1923) (2. Aufl.). Hrsg. v. Käte Bröcker-Oltmanns. Frankfurt am Main: Klostermann.

Heidegger, Martin (1924/2002). Gesamtausgabe. 4 Abteilungen: Gesamtausgabe 2. Abt. Bd. 18. Grundbegriffe der aristotelischen Philosophie (Sommersemester 1924). Hrsg. v. Mark Michalski. Frankfurt am Main: Klostermann.

Hüther, Gerald (2003). Die Evolution der Liebe. Was Darwin bereits ahnte und die Darwinisten nicht wahrhaben wollen. Göttingen: Vandenhoeck & Ruprecht.

Hüther, Gerald (2015). Etwas mehr Hirn, bitte. Eine Einladung zur Wiederentdeckung der Freude am eigenen Denken und der Lust am gemeinsamen Gestalten. Göttingen: Vandenhoeck & Ruprecht.

Hüther, Gerald (o. J.). Gerald Hüther im Interview mit Lufthansa Exclusive. Zugriff am 10.05.2016 unter http://www.gerald-huether.de/populaer/veroeffentlichungen-von-gerald-huether/zeitschriften/lufthansa-exclusive/index.php

Ibsen, Henrik (1884/1998). Die Wildente. Leipzig: Reclam.

Kant, Immanuel (1785/1900). Grundlegung zur Metaphysik der Sitten. Ausgabe der Preußischen Akademie der Wissenschaften. Berlin.

Keysers, Christian (2013). Unser empathisches Gehirn. Warum wir verstehen, was andere fühlen. München: Bertelsmann.

Koenig, Matthias (2005). Menschenrechte. Frankfurt am Main: Campus.

Korzybski, Alfred (1933). Science and Sanity: An Introduction to Non-Aristotelian Systems and General Semantics (Spp. 747–761). Zugriff am 07.07.2013 unter http://esgs.free.fr/uk/art/sands.htm

Kropfberger, Karl (2015). Elementare Totalität. Ein operatives Schema der Selbstreferenz. Heidelberg: Carl Auer.

Kraft, Volker (2007). Operative Triangulierung und didaktische Emergenz: Zur Zeigestruktur der Erziehung. In Jens Aderhold u. Olaf Kranz (Hrsg.), Intention und Funktion: Probleme der Vermittlung psychischer und sozialer Systeme (S. 140–158). Wiesbaden: Verlag für Sozialwissenschaften.

Kutz, Christopher (20089). Zusammen handeln. In Hans Bernhard Schmid u. David P. Schweikard (Hrsg.), Kollektive Intentionalität. Eine Debatte über die Grundlagen des Sozialen (1. Aufl., S. 433–479). Frankfurt am Main: Suhrkamp.

Horx Zukunftsinstitut (2010). Die besten Zitate zu Trend- und Zukunftsforschung. Zugriff am 21.11.2015 unter http://www.horx.com/Zukunftsforschung/Docs/04-Q-03-Die-besten-Zukunftszitate.pdf

Lacan, Jacques (1948/86). Das Spiegelstadium als Bildner der Ichfunktion, wie sie uns in der psychoanalytischen Erfahrung erscheint. In Jacques Lacan, Schriften I (S. 61–70). Weinheim u. a.: Quadriga.

Lau, Felix (2006). Die Form der Paradoxie. Eine Einführung in die Mathematik und Philosophie der »Laws of Form« von G. Spencer Brown. Heidelberg: Carl Auer.

Lazar, Sara (o. J.). Labor Forschung in Meditation. Zugriff am 04.05.2016 unter http://www.nmr.mgh.harvard.edu/~lazar/

Lennon, John (1971). Imagine. Sony Music.

Lispector, Clarice. In: Horx Zukunftsinstitut GmbH (2010). Die besten Zitate zu Trend- und Zukunftsforschung. Zugriff am 21.11.2015 unter http://www.horx.com/Zukunftsforschung/Docs/04-Q-03-Die-besten-Zukunftszitate.pdf

Lovelock, James (1991). Das Gaia-Prinzip: die Biographie unseres Planeten. (Original: The ages of Gaia. Aus dem Engl. von Peter Gillhofer und Barbara Müller). Zürich u., München: Artemis & Winkler.

Luhmann, Niklas (1984). Soziale Systeme. Grundriss einer allgemeinen Theorie. Frankfurt am Main: Suhrkamp.

Luhmann, Niklas (1989). Vertrauen: Ein Mechanismus der Reduktion sozialer Komplexität (3. Aufl.). Stuttgart: Enke.

Luhmann, Niklas (1990a). Die Wissenschaft der Gesellschaft. Frankfurt am Main: Suhrkamp.

Luhmann, Niklas (1990b). Paradigm lost: Über die ethische Reflexion der Moral. Rede von Niklas Luhmann anlässlich der Verleihung des Hegel-Preises 1989. Frankfurt am Main: Suhrkamp.

Luhmann, Niklas (1991). Wie lassen sich latente Strukturen beobachten? In Paul Watzlawick u. Peter Krieg (Hrsg.), Das Auge des Betrachters (S. 61–75). München: Piper.

Luhmann, Niklas (1992). Arbeitsteilung und Moral. Durkheims Theorie. In: Emile Durkheim, Über soziale Arbeitsteilung. Studie über die Organisation höherer Gesellschaften. Frankfurt am Main: Suhrkamp.

Luhmann, Niklas (1993). Gesellschaftsstruktur und Semantik. Studien zur Wissenssoziologie der modernen Gesellschaft, Bd. 3. Frankfurt am Main: Suhrkamp.

Luhmann, Niklas (1997). Die Kunst der Gesellschaft. Frankfurt am Main: Suhrkamp.

Luhmann, Niklas (1998a). Die Gesellschaft der Gesellschaft. Frankfurt am Main: Suhrkamp.

Luhmann, Niklas (1998b). Was ist Kommunikation? In Fritz B. Simon, (Hrsg.), Lebende Systeme. Wirklichkeitskonstruktion in der systemischen Therapie (2. Aufl., S. 19–31). Frankfurt am Main: Suhrkamp.

Luhmann, Niklas (2002). Das Erziehungssystem der Gesellschaft. Frankfurt am Main: Suhrkamp.

Luhmann, Niklas (2004). Einführung in die Systemtheorie. Heidelberg: Carl Auer.

Luhmann, Niklas (2006). Das Kind als Medium der Erziehung. Frankfurt am Main: Suhrkamp.

Luhmann, Niklas (2008). Die Moral der Gesellschaft. Frankfurt am Main: Suhrkamp.

Markowetz, Alexander (2015). Digitaler Burnout: Warum unsere permanente Smartphone-Nutzung gefährlich ist (E-Book). München: Droemer.

Maturana, Humberto R., Pörksen, Bernhard (2002). Vom Sein zum Tun. Die Ursprünge der Biologie des Erkennens. Heidelberg: Carl Auer.

Maturana, Humberto R., Varela, Francisco (1987). Der Baum der Erkenntnis: Die biologischen Wurzeln menschlichen Erkennens. Bern u. München: Scherz.

Maturana, Humberto R., Verden-Zöller, Gerda (1997). Liebe und Spiel: die vergessenen Grundlagen des Menschseins: matristische und patriarchale Lebensweisen (3. Aufl.). Heidelberg: Carl Auer.

Maturana, Humberto R., Verden-Zöller, Gerda (1997). Liebe und Spiel (3. Aufl.). Heidelberg: Carl Auer.

Markowetz, Alexander (2015). Digitaler Burnout: Warum unsere permanente Smartphone-Nutzung gefährlich ist (E-Book). München: Droemer.

Milgram, Stanley (1982). Das Milgram-Experiment: Zur Gehorsamsbereitschaft gegenüber Autorität. Reinbek bei Hamburg: Rowohlt.

Montinari, Mazzino, Colli, Giorgio (1982). Nietzsche lesen. Die neue kritische Gesamtausgabe von Nietzsches Werken. Band 12. Berlin u. New York: de Gruyter.

Musil, Robert (1930/1987). Der Mann ohne Eigenschaften. Bd. 1 (2. Aufl.). Reinbek bei Hamburg: Rowohlt.

Nietzsche, Friedrich (1880–1881/1971). Morgenröthe. Nachgelassene Fragmente Anfang 1880 bis Frühjahr 1881. Berlin: Walter de Gruyter.

Piaget, Jean (2003). Meine Theorie der geistigen Entwicklung. Weinheim u. a.: Beltz.

Piaget, Jean, Inhelder, Bärbel (2004). Die Psychologie des Kindes (9. Aufl.). München: dtv.

Platon (ca. 340 v. Chr./1940). Timaios. In Platon: Sämtliche Werke. Band 3 (S. 91–192). Berlin: Lambert Schneider.

Pörksen, Bernhard (2002). Die Gewissheit der Ungewissheit. Gespräche zum Konstruktivismus. Heidelberg: Carl Auer.

Pörksen, Bernhard (Hrsg.) (2011). Schlüsselwerke des Konstruktivismus.

Pörksen, Bernhard (2011). Ethik der Erkenntnistheorie. Bernhard Pörksen über Heinz von Foersters *Wissen und Gewissen*. In Bernhard Pörksen (Hrsg.), Schlüsselwerke des Konstruktivismus. (S. 319–340). Wiesbaden: VS Verlag für Sozialwissenschaften.

Pusch, Fred (1992). Entfaltung der sozialwissenschaftlichen Rationalität durch eine transklassische Logik. Dortmund: Projekt Verlag.

Rappaport, Julian (1985). Ein Plädoyer für die Widersprüchlichkeit. Ein sozialpolitisches Konzept des »Empowerments« anstelle präventiver Ansätze. Verhaltenstherapie und psychosoziale Praxis, 2, 257–278.

Roth, Gerhard (1987). Erkenntnis und Realität: Das reale Gehirn und seine Wirklichkeit. In Siegfried Schmidt (Hrsg.), Der Diskurs des Radikalen Konstruktivismus (S. 229–255). Frankfurt am Main: Suhrkamp.

Roth, Gerhard (2001). Fühlen, Denken, Handeln. Frankfurt am Main: Suhrkamp.

Scheler, Max (2014). Der Formalismus in der Ethik und die materielle Wertethik. Neuer Versuch der Grundlegung eines ethischen Personalismus. Hamburg: Felix Meiner Verlag.

Schlippe, Arist von, Schweitzer, Jochen (2007). Lehrbuch der systemischen Therapie und Beratung (10. Aufl.). Göttingen: Vandenhoeck & Ruprecht.

Schlippe, Arist von, Schweitzer, Jochen (2010). Systemische Intervention (2. Aufl.). Göttingen: Vandenhoeck & Ruprecht.

Schmid, Wilhelm (1998). Das Leben als Kunstwerk – Versuch über Kunst und Lebenskunst und ihre Geschichte von der antiken Philosophie bis zur Performance Art. Kunstforum International: die aktuelle Zeitschrift für alle Bereiche der bildenden Kunst, Titel: Lebenskunstwerke (LKW), Bd. 142, »Lebenskunstwerke« (S. 1–19). Zugriff am 11.05.2016 unter http://www.lebenskunstphilosophie.de/Hauptframe/Text%2001%20-%20Leben%20als%20Kunstwerk/Leben%20als%20Kunstwerk.pdf)

Schmidt, Siegfried J. (2005). Lernen, Wissen, Kompetenz, Kultur. Vorschläge zur Bestimmung von vier Unbekannten. Heidelberg: Carl Auer.
Schroer, Markus (2001). Das Individuum der Gesellschaft: synchrone und diachrone Theorieperspektiven. Frankfurt am Main: Suhrkamp.
Simmel, Georg (1992). Soziologie. Untersuchungen über die Formen der Vergesellschaftung. In: Georg Simmel:, Gesamtausgabe,. Hrsg. v. Otthein Rammstedt. Bd. 11. Hrsg. v. Otthein Rammstedt. Frankfurt am Main: Suhrkamp.
Simon, Fritz B. (1991). Meine Psychose, mein Fahrrad und ich. Zur Selbstorganisation der Verrücktheit. Heidelberg: Carl Auer.
Simon, Fritz B. (Hrsg.) (1998). Lebende Systeme. Wirklichkeitskonstruktion in der systemischen Therapie (2. Aufl.). Frankfurt am Main: Suhrkamp.
Simon, Fritz B. (1999). Die Kunst, nicht zu lernen. Und andere Paradoxien in Psychotherapie, Management, Politik … Heidelberg: Carl Auer.
Simon, Fritz B., Clement, Ulrich, Stierlin, Helm (1984). Die Sprache der Familientherapie. Kritischer Überblick und Integration systemtherapeutischer Begriffe, Konzepte und Methoden. Stuttgart: Klett-Cotta.
Sloterdijk, Peter (1993). Weltfremdheit. Frankfurt am Main: Suhrkamp.
Sloterdijk, Peter (2004). Sphären III. Schäume. Frankfurt am Main: Suhrkamp.
Sloterdijk, Peter (2009). Du musst dein Leben ändern: Über Anthropotechnik. Frankfurt am Main: Suhrkamp.
Spencer-Brown, George (1997). Laws of form. Gesetze der Form (2. Aufl.). Lübeck: Bohmeier.
Spencer-Brown, George (1994). Dieses Spiel geht nur zu zweit. Lübeck: Bohmeier.
Spencer-Brown, Georg (1995). A Lions Teeth. Löwenzähne: Geschichten von »einem, der so kam«. Lübeck: Bohmeier.
Stölzel, Thomas (2015). Die Welt erkunden. Sprache und Wahrnehmung in Therapie, Beratung und Coaching. Göttingen: Vandenhoeck & Ruprecht.
Varela, Francisco J. (2002). Wahr ist, was funktioniert. In Bernhard Pörksen, Die Gewissheit der Ungewissheit. Gespräche zum Konstruktivismus (1. Aufl., S. 112–138). Heidelberg: Carl Auer.
Varga von Kibéd, Matthias (2008). Wittgenstein. Folge 1. Systemische Strukturaufstellungen und Lösungsfokussierung. Privatsprachenargument und Wunderfrage (DVD IV). Aachen: Ferrari Media.
Varga von Kibéd, Matthias, Sparrer, Insa (2000). Ganz im Gegenteil:. Tetralemmaarbeit und andere Grundformen systemischer Strukturaufstellungen – für Querdenker und solche, die es werden wollen. Heidelberg: Carl Auer.
Watts, Alan (o. J.). Weisheiten und Zitate von Alan Watts. Zugriff am 31.05.2016 unter https://zentao.wordpress.com/2012/07/07/weisheiten-und-zitate-von-allan-watts/
Watzlawick, Paul (Hrsg.) (1985). Die erfundene Wirklichkeit. Wie wissen wir, was wir zu wissen glauben? (2. Aufl. d. Neuausgabe). München: Piper.
Watzlawick, Paul (20069). Wenn du mich wirklich liebtest, würdest du gern Knoblauch essen. Über das Glück und die Konstruktion der Wirklichkeit. München u. a.: Piper.

Watzlawick, Paul, Beavin, Janet H., Jackson, Don D. (1990). Menschliche Kommunikation. Formen, Störungen, Paradoxien (8. Aufl.). Bern: Hans Huber.

Watzlawick, Paul, Weakland, John H., Fisch, Richard (2009). Lösungen. Zur Theorie und Praxis menschlichen Wandels. Bern: Hans Huber.

Widmer, Samuel (1996). Aus der Stille: short cuts to enlightenment = Out of stillness. Basic Editions. Gerolfingen: Basic Editions.

Willke, Helmut (1991). Systemtheorie. Eine Einführung in die Grundprobleme. Stuttgart u. New York: UTB.

Wittgenstein, Ludwig (2003). Tractatus logico-philosophicus. Logisch-philosophische Abhandlung. Frankfurt am Main: Suhrkamp.

Yogaservice (o. J.). Zugriff am 15.04.2016 unter http: //www.yogaservice.de/inhalt/neti-neti-20110505

Quellennachweise der Mottos

Beuys, Joseph zit. n. Burow, Olaf (2000). Ich bin gut – wir sind besser: Erfolgsmodelle kreativer Gruppen. Stuttgart: Klett-Cotta. S. 200.

Blanck, Erhard (2016). Zugriff am 02.06.2016 unter https://www.aphorismen.de/suche?f_rubrik=Aphorismen&f_thema=Einsicht&f_autor=674_Erhard+Blanck

Eco, Umberto (2011). Das Foucaultsche Pendel. München u. Wien: Carl Hanser Verlag.

Einstein, Albert, zit. n. Ehrlenspiel, Klaus, Meerkamm, Harald (2013). Integrierte Produktentwicklung: Denkabläufe, Methodeneinsatz, Zusammenarbeit. München u. Wien: Carl Hanser. S. V.

Foerster, Heinz von (1999). Sicht und Einsicht. Versuche zu einer operativen Erkenntnistheorie. Heidelberg: Carl Auer. S. 10.

Foerster, Heinz von, Bröcker, Monika (2002). Teil der Welt. Fraktale einer Ethik – ein Drama in drei Akten. Heidelberg: Carl Auer. S. 16.

Foerster, Heinz von, Pörksen, Bernhard (2004). Wahrheit ist die Erfindung eines Lügners. Gespräche für Skeptiker (6. Aufl.). Heidelberg: Carl Auer. S. 82.

Gandhi, Mahatma zit. n. Herbig, Regine (2013). Gefühlsregulierung – ein Tor zu innerer Balance: Stressbewältigung durch Herz-Resonanz. Paderborn: Junfermann. S. 203.

Goethe, Johann Wolfgang von (1851). Goethe's sämmtliche Werke in dreißig Bänden. Vollständige, neugeordnete Ausgabe. Band 27. Stuttgart u. Tübingen: Cotta. S. 86.

Hassan, Mohsen (2016). Zugriff am 02.06.2016 unter http://www.aphorismen.de/suche?f_autor=4121_Hassan+Mohsen&seite=2

Hüther, Gerald (2003). Die Evolution der Liebe. Was Darwin bereits ahnte und die Darwinisten nicht wahrhaben wollen. Göttingen: Vandenhoeck & Ruprecht. S. 87.

James, William zit. n. Buttler, Ralph. Blütensthaub. Zugriff am 02.06.2016 unter https://daoweg.wordpress.com/tag/william-james/

Kant, Immanuel (1793/1964). Über den Gemeinspruch: Das mag in der Theorie richtig sein, taugt aber nicht für die Praxis. In Wilhelm Weischedel (Hrsg.), Immanuel Kant, Werke in sechs Bänden, Band VI: Schriften zur Anthropologie, Geschichtsphilosophie, Politik und Pädagogik (S. 125–172). Darmstadt: Wissenschaftliche Buchgesellschaft.

Meltzoff, Andrew, zit. n. Bauer, Joachim (2006). Das System der Spiegelneuronen. Neurobiologisches Korrelat für intuitives Verstehen und Empathie. Zugriff am 02.06.2016 unter http://www.literaturkritik.de/public/rezension.php?rez_id=10237&ausgabe=200612

Morgenstern, Christian zit. n. Dudenredaktion (Hrsg.), Duden. Zitate und Aussprüche. Herkunft und aktueller Gebrauch. Rund 7500 Zitate von der klassischen Antike bis zur Gegenwart (3., überarb. u. aktual. Aufl.). Mannheim u. a.: Dudenverlag. S. 797.

Nietzsche, Friedrich (1880–1881/1971). Morgenröthe. Nachgelassene Fragmente Anfang 1880 bis Frühjahr 1881. Berlin: de Gruyter. S. 748.

Schmid, Helmut (2007). Gestaltung ist Haltung/design is attitude. Hrsg. v. Fjodor Gejko, Victor Malsy, Victor Teufel. Basel: Birkhäuser.

Seneca, Lucius Annaeus zit. n. Feßler, Roman, Guldenschuh-Feßler, Beate (2013). Gesunde Führung: Mehr Erfolg durch Mitarbeiterorientierung. Norderstedt: Books on Demand. S. 24.

Sloterdijk, Peter (2009). Du musst dein Leben ändern: Über Anthropotechnik. Frankfurt am Main: Suhrkamp. S. 300.

Tucholsky, Kurt (1925). Die Zentrale. Die Weltbühne, Nr. 13, 31.03.1925, S. 488.

Wachowski, Lana und Andy (1999). The Matrix. Film. USA/Australien: Warner Bros.

Wilde, Oscar (1890/2013). Der Kritiker als Künstler. Szene 2/Gilbert. In Oscar Wilde, Die Wahrheit von Masken: drei Essays. Kritiker als Künstler; das Portrait des Mr. W. H.; 3 Dialoge (S. 11–109). Hamburg: Männerschwarm-Verlag.